教师，以研究的『姿态』成长

刘波——著

水西书系

山西教育出版社

图书在版编目（CIP）数据

教师，以研究的“姿态”成长 / 刘波著. — 太原：山西教育出版社，2021. 5

ISBN 978-7-5703-1545-1

Ⅰ. ①教… Ⅱ. ①刘… Ⅲ. ①中小学—教学研究 Ⅳ. ①G632.0

中国版本图书馆CIP数据核字（2021）第080428号

教师，以研究的“姿态”成长

JIAOSHI，YI YANJIU DE “ZITAI” CHENGZHANG

责任编辑 樊丽娜
复　　审 刘继安
终　　审 康　健
装帧设计 张　瑜　郭俊杰
印装监制 蔡　洁

出版发行 山西出版传媒集团·山西教育出版社
（太原市水西门街馒头巷7号　电话：0351-4729801　邮编：030002）
印　　装 山西基因包装印刷科技股份有限公司
开　　本 890 × 1240　1/32
印　　张 9
字　　数 191千字
版　　次 2021年5月第1版　2021年5月山西第1次印刷
书　　号 ISBN 978-7-5703-1545-1
定　　价 46.00元

前　言

在研究中遇到更好的自己

不知不觉中，我已经进入了自己职业生涯的第二十个年头。作为众多普通教育工作者中的一分子，我自然没什么惊天动地的大作为，也称不上有什么壮举。不过，平凡并不等于平庸，每个人都可以活出自己的精彩。在近二十年的教育生涯中，我立足本职工作，在研究的状态下开展工作，用研究来改进工作，从新手教师成为具有一定影响力的研究型教师，成为一名斜杠型的教科研工作者。

回想自己近二十年的职业生涯，我觉得自己的研究大体可以分为三个阶段：第一个阶段是以学科教学研究为主，第二个阶段是以教科管理研究为主，第三个阶段是以阅读推广专题研究为主。当然，这三个阶段不是截然分割的，有些内容是持续的。

在浙江大学教育学系求学期间，我曾经读过魏书生老师的《家教漫谈》，他在书中提到的“边教学、边研究”的做法让我对教师做研究有了最初的认识。“你想对一个领域有比较深入的了解，就必须阅读五年期刊上发表的相关论文”，大学期间教育文献与检索课上老师的这句话给我留下了深刻的印象。

由于大四第一学期末，我就和宁波市镇海区仁爱中学签订了就业协议，这样大四第二学期就比较空闲。我除了完成毕业论文外，充分利用浙江大学图书馆的资源优势，泡了三个月图书馆，复印了近五年内中小学心理健康教育和中小学教科研方面的相关资料，为自己开展中小学心理健康教育方面的教学和研究提供了充分有力的文献支持。

因为有了前期的准备，2001 年 8 月我走上工作岗位后就成为“边教学、边研究”的践行者。为了对学生的心理健康状况有更清楚的认识，我利用当时普遍采用的心理健康教育量表对学生进行了心理测试。由于是新手上路，一切都得摸索着来，我花了近三个月的时间，完成了测试、数据录入、数据整理，形成了题为《城镇初中生心理健康状况的调查》的调查报告。由于前期我有相关的资料可供参考，因此这篇调查报告也写得像模像样。该调查报告获得中国教育学会教育实验研究分会年会论文评比二等奖，后来还入选公开出版的《宁波市第二届学术大会论文集》。在此调查基础上，我还写了《对中小学心理健康教育的若干思考》一文，在 2001 年 12 月的《镇海教育》刊发。尽管这只是区级层面的内部刊物，但对于当时工作仅仅三个多月的我来说，显然是很有激励作用的。

可以说，在我工作的前期，主要的研究范畴是以初中生心理健康教育教学为主。我在如何激发学生参与心理健康教育的积极性、提高心理健康教育的实效性等方面下了很大的功夫，相关的文章也多次获得宁波市中小学心理健康教育论文评比的一等奖。在我工作的第二年，我结合日常的心理健康教学实践和相关的测量结果撰写的《激发学生兴趣，提高心育实效》一文，在浙江省教科院、浙江省教育报刊总社和浙江省教育厅教研室联合组织的2003年浙江省优秀教育教学论文评比中获得了二等奖。这项省级的公益评比直至今天还在举行，我每年都参加。但是，在这项评比中，我至今获得的最高奖项还是二等奖。可以想见，当年的这个二等奖在我心中的分量，对于进一步激发我的研究热情起到了“催化剂”的作用。

在此期间，仁爱中学开展了几次学生评价教师活动，根据学校反馈的结果，我受到学生的好评，说明我还是很受学生欢迎的。

研究必须牵手阅读。我从教伊始，就订阅《心理与健康》《大众心理学》等学科专业刊物。我工作后不久，《中小学心理健康教育》创刊，这本更贴近日常教育教学工作的专业刊物，我自然也第一时间拥有了。日常与专业刊物为伴，我对中小学心理健康教育领域的动态和信息非常了解。2006年，在《中国教育报》编辑部和《中小学心理健康教育》杂志社联合举行的相关评比中，我有幸成为全国首届中小学心理健康教育十佳作者。当时，在国家教育行政学院的领奖台上，是时任中国期刊学会会长张伯海给我颁的奖。

因为这次获奖，我还得到了《教师报》等媒体的报道。我清晰地记得，2007年，我有幸成为全国教育名刊《教师博览》第2期的封二人物。而第1期是时任上海建平中学校长程红兵。起初，我有种天上掉馅饼的感觉。后来，我得知当时我国正在大力宣传基层就业的优秀高校毕业生，《教师博览》就有意识地寻找基层就业的教师，于是我就成为幸运的那一个。

在参加工作的第三年，我就开始负责学校教科室的具体工作。两年后，我就担任学校教科室副主任，开始负责学校的教科研管理和教师培训工作。因此，除了心理健康教育的研究外，如何做好教科室负责人，如何开展好校本教师培训，也成为我的研究范围。从那以后，我的阅读也从学科阅读走向了综合阅读，《人民教育》《中小学管理》《教师博览》等刊物都成为我的案头刊物。在教科室（有些地方叫科研室）负责人的岗位上，我明确了教科室负责人为助力校长办学、助力教师成长、助力学校宣传的工作目标，进一步发挥教科室在学校整体工作中的作用。在教科室建设方面，我在《中国教育报》《教师育人·校长参考》《教师博览》等刊物都发表过经验文章。

2008年11月，我除了担任教科室主任外，还担任了仁爱中学教师读书社社长。于是，如何有效推动教师阅读就成为我的研究内容。事实上，关于教师阅读推广的研究，我一直坚持到现在。在仁爱中学期间，通过“读书种子”推动“全员阅读”，把个性阅读和共性阅读有机融合，建立党政工三位一体的教师推动机制，仁爱中学的教师阅读活动成为校本培训的品牌项目，《中国教育报》《德育报》等多家媒体进行了报道，学校的做法还获得了宁波市校园阅读推广十佳案例。

从2008年开始，我还担任了镇海区教科所的三届兼职教科员，也参与了不少区级层面的课题研讨活动，从而提高了自己的课题研究水平。2016 年 9 月，我调入镇海区教科所工作，从兼职教科员变成专职教科员。

到区教科所工作后，在领导的大力支持下，我倡导成立了区域层面的“研之乐”读书会。因为有了在仁爱中学推动教师阅读经验的基础，我把相关的做法迁移到区域教师读书会的建设上。“研之乐”读书会在构建区域教师阅读场上发挥了积极作用，有效推动了区域教师阅读。“研之乐”读书会发起的“啃读挑战”活动，除了获得宁波市校园阅读推广案例评选一等奖外，还获评首届宁波市教育改革创新优秀案例。《中国教育报》《中国教师报》《德育报》《浙江日报》等多家主流媒体都对镇海区推动教师阅读的做法进行了报道。

在推动教师阅读的过程中，我也形成了不少的研究成果。《基于“一体两翼”教师读书团队建设的实践研究》《基于“教科团队”推动区域教师阅读》获得宁波市优秀教育科研成果二等奖，《基于“教师立场”推动教师阅读的实践研究》获得全省教育科研人员优秀成果二等奖。我个人也获评《浙江教育报》年度书香人物、《中国教师报》全国十大“爱读人物”、宁波市职工十佳“阅读之星”、宁波市教育系统教师读书“卓越领雁人”等荣誉称号。2016 年，我还以全民阅读推广人的身份获评 2015 年浙江教育年度十大影响力人物。在 2020 年年底，我获评《中国教育报》“推动读书十大人物”。

正是因为在研究的状态下工作，我除了在心理健康教育教学、教科研管理、教师阅读推广等方面的工作做得有成效外，还取得了多篇文章发表、获奖等“副产品”。

2011年5月，在我从教的第十个年头，我出版了自己的第一本著作《从新手到研究型教师》，此书2016年6月修订出了第二版。此外，我还出版了《教师阅读力》《教师成长力修炼》《走进教师阅读》这三本书。其中，2014年出版的《教师阅读力》在2020年又出了第二版。

正是因为自己从教伊始就走上了“边教学，边研究”的康庄大道，才使我能够一路在研究中成长、在研究中遇见更好的自己。

刘　波

目 录

每位教师都能做像样的课题

中小学教师真的是 “研究者” 吗?

在很多中小学教师眼里， 教书育人是自己的天职。 研究如何在教书育人的天职中安放， 这需要中小学教师提升对研究的认知水平。

中小学教师的研究并不是另起炉灶， 而是用研究改进工作， 提升自我， 更好地服务教书育人工作。

中小学教师应树立教研、 科研、 德研三位一体的大研究观， 认知自己扮演的天然的 “研究者” 角色， 提高自己的研究水平， 成为研究的长期主义者， 在研究中加快成长的步伐。

中小学教师为何难以成为专家？

前几年，媒体曾就北京市小学教师的成长状况进行过报道。报道中提到，北京教育科学研究院基础教育教学研究中心曾用近三周时间组织44252名小学教师参与一项调查，各区县参加问卷调查的老师均占90%以上。应该说，这个调查的样本容量是非常大的。该调查显示，在本次调查中有22.7%的教师教龄在20年以上，但仅有0.7%的教师自认为是专家。

“本市22.7%的小学教师工作了20年以上，理论上应该步入了专家期，但从自评可以看出，自认为是专家的教师仅占0.7%。”此调查项目组负责人表示。

尽管现在有不少人提倡教师就是专家，但该项调查仅有0.7%的教师自认为是专家，说明教师自身在这方面的认同度比较低。以医生为例，有了副高职称，就可以名正言顺地开设专家门诊了。按照约定俗成的做法，副高及以上专业技术职务获得者具有专家资格。

可见，中小学教师评上副高职称，就是名副其实的专家了。一般而言，小学教师副高岗位的比例在10%左右，那么仅有0.7%的教师认为自己是专家的比例确实是太低了。北京的调查虽然是面对小学的，但同样值得中学教师思考。

在中小学职称分开评聘之前，小学教师评副高要相对难一些。假如按照原先的评聘分离，以中学教师为例，大学本科毕业经过一年见习期定为初级职称，过五年可以评中级职称，再过五年可以参评高级职称。也就是说，一个中学教师在大学本科毕业工作11年以后，就有资格评副高。当然，这是在一切顺利的条件下。基于这样的考虑，一个教师在大学毕业15年左右，就有成为专家的可能性了。

换个角度来说，仅仅从职称的角度来证明中小学教师是否为专家是狭隘的。因为在现在职称评聘结合的前提下，很多优秀的教师，由于职称岗位的限制，无法参评职称。而就他们的实际水平而言，当个专家是绰绰有余的。

对于北京市的这个调查结果，相关专家认为，许多教师工作倦怠，缺乏干劲，原因之一就是缺少研究力。而研究力必须和阅读力、反思力相结合。很多老师认为平时杂事太多，没有完整的时间进行研究。

可以这么说，缺乏研究是中小学教师难以成为专家的一个重要原因。在中小学教师的职称评审中，对教师有教科研成果方面的要求，也说明具有一定的研究力是成为副高职称的教师的必要前提。

但在现实中，又恰恰是因为有这方面的要求，被视为教师职评路上的拦路虎。也正是因为如此，导致了现实中教师买卖论文等不合理现象的出现。目前，不少地方在副高职称评审上对教师教科研方面的要求逐步降低。

从应然的角度而言，即使是教师评上了副高职称，在教科研方面的考核也是履行岗位职责的基本要求。但在现实中，很多教师评上副高职称以后就“封笔”了，不再为写论文费神了，自然他们在研究上也没什么热情。尤其在当下职称评聘结合和职称终身制的背景下，很多教师评上副高以后就一劳永逸了。为了打破中小学包括幼儿园教师评上副高职称后的天花板效应，我国在相应的教师职称改革中推出了正高级职称。但对绝大多数教师而言，正高职称其实就是水中月、镜中花，跟自己是没有关系的。以浙江省为例，自正式开始正高职称评审后，每年评上的教师还不到150人，这可是包括从幼儿园到高中各个学段各个学科的教师。除去少量省直单位和辖区市的直属学校，每个县（市、区）也就差不多1人而已。所以，正高在绝大多数教师眼里，压根儿就不是自己的菜。

客观地说，中小学教师做研究，有一定的功利色彩，主要是为了解决职称评聘或名优教师评聘考核的需要。尽管工作比较忙碌，在解决职称问题之前，不少教师还是会挤时间去做研究。不过，为了评聘职称所开展研究的时间，还是比较短暂的。很多教师评上副高职称以后，就没有了研究的激情和动力。这样，在很多教师开展研究正当年的时候，并没有牵手研究。由于研究实践缺失，自然也就缺少研究力，于是这样就和专家渐行渐远了。

在职称评聘结合的当下，由于不少学校教师的职称岗位已满，这样符合职称评审条件的教师就无缘职称评聘，很多优秀的教师也就与约定俗成的“专家”身份无缘了。但是，如果这些教师真正过上一种研究的生活，把研究作为自己的生活方式，在研究中提高自身的研究力，在研究中加强阅读、增进反思，切实提升自己的专业水平，成为真实意义上的专家。那么，当有机会参加职称评聘的时候，评上高级职称也是水到渠成的。

教师因缺乏研究力难以成为专家，这是一个很好的警醒。一个有所追求的教师，应主动参与研究，在研究实践中提升自己的研究力，让自己成为真正意义上的专家。愿在更多教师的努力下，不仅外界对教师的专家身份有更多的认同，教师自身也不再看轻自己。

中小学教师离研究究竟有多远？

在不少中小学教师看来，研究只是少部分科研骨干的事，自己对课题研究不感兴趣，也没能力做课题研究。可以说，在有些教师的眼中，研究于自己而言是一件很遥远的事。事实上，研究就在每一位教师的身边，很多教师都在过一种研究的生活。

关于中小学教师如何做研究，郑金洲教授在这方面的观点很值得我们思考。郑金洲教授原先在华东师范大学工作，后担任中国浦东干部学院副院长。笔者参加工作后不久，就在宁波市教科所组织的一次暑期教科研骨干培训班上听过郑金洲教授的关于中小学教师如何做研究方面的讲座。2005 年前后，郑金洲教授在《人民教育》上刊发了《中小学教师如何做研究》的系列文章。当时，笔者刚走上仁爱中学教科室负责人的岗位，所以这一系列文章就认真阅读了。此后，郑金洲教授在那一系列文章的基础上，出版了《教师如何做研究》一书，笔者也认真阅读了，对中小学教师如何做研究有了更深刻的认识。

2016年，笔者在上海参加了镇海区教科研骨干素养提升班的培训，有幸在现场再一次聆听了郑金洲教授关于教科研方面的讲座。郑金洲教授提到现在要树立新的研究观，把教研、科研、德研有机地融合起来，这是很值得我们思考的。目前，各级教育行政部门一般都设有教科所和教研室，学校相对应地设有教科室。尽管学校的教研活动常态化，但很多教师说不会做研究，这说明现实中教研和科研两张皮的问题是非常突出的。另外，现实中学校除了班主任的例会和研讨会外，也很少有专门的德研活动。

在很多的中小学校级领导分工中，一般是一位校级领导分管教学和教科研工作。而在同济大学附属七一学校，在教科研分管领导中，除了教学副校长分管教科研外，德育副校长也分管教科研，这样，德育副校长就可以把德育研究的相关要求落实下去。从学校的管理体制上就把教研、科研和德研理顺了。

在现实中，中小学教研活动最为活跃，科研往往被狭义为课题研究，而专门的德研活动则是少之又少。因此，在中小学研究中，从制度设计上确立大研究观，把教研、科研、德研有机地融合起来，使教研组更好地成为研究和教师培训的基层组织。这样的做法有助于教师转变观念，对研究有更加客观的认识，更好地成为研究的践行者。

《中小学教育》2018年第1期全文转载了《人民教育》2017年第20期刊登的中国教科院曾天山的《中小学教科研亟须走向3.0版》一文，这篇文章是基于对3000多名中小学教师教科研素养问卷调查分析的基础上所写的。在这篇文章中，作者认为，教研和科研的关系可以用三个版本来形容。教研与科研彼此分离是 1.0 版，教研与科研相互结合是 2.0 版，教研与科研融为一体是 3.0 版，3.0 版的教科研既不是主张用科研取代教研，也不是把二者简单结合，而是让二者不分彼此、充分融合的大教科研概念。

郑金洲和曾天山对教科研方面的表述尽管不完全一致，但体现的大研究观的思想是一致的，对中小学的教科研工作是很有指导意义的。

在县级以上的教育业务部门中，有教研和科研两条线。但具体到中小学，就没分得那么清楚了。反正跟课题研究相关的那些事儿，就都落到了教科室。

在中小学，跟教师研究相关的活动一般是这样组织开展的：教研活动由教务处负责，课题管理由教科室负责，德育培训和研讨由德育处（政教处）负责。尽管目前中小学德育研讨活动没有常态化和系统化，但这一块的工作是由德育处在组织落实的。

如果我们树立了教研、科研、德研相融合的大研究观，可能原先的一些隔阂就可以打通了。教学研究和德育研究的相关内容，可以借助科研方法和课题研究的方式进行，科研的方法和课题研究则能提高教学研究和德育研究的成效。上海市的相关专家在总结上海市在国家基础教学成果奖评审中能取得那么多成果，归因于用科研的方法做教研。的确，树立大研究观以后，学校的教师研究活动内容可以更丰富、形式可以更多样、成果可以更多元。教师在研究中也会有更大的获得感，也能进一步激发其参与各类研究活动的热情。

教研活动是各种教师研究活动中最常见的活动。德育研讨活动的对象以班主任为主，虽不够系统化，但也是学校教师研究的重要组成部分。科研在不同的学校表现则不同，有的还是精英模式，由少数骨干在开展，有的则已经进入了大众化模式。

树立大研究观之后，我们再来审视中小学教师离研究有多远这个话题的时候，就会有一种豁然开朗的感觉，研究就在我们每一位教师的身边。只是不同的教师在开展研究的方式上有所不同，有的是三种研究都在开展，有的则是刚起步聚焦于其中一种。

别再说自己和研究没有任何关系，其实你已经在研究的场域中。对于每一位教师而言，善于借助自己身边的研究力量来促进自己的成长，是理性的教师专业发展指导。

现在已经不需要再讨论教师要不要做研究的问题，而是来探讨如何让中小学教师更好地做适合自己的研究，如何让教师更好地在研究中成长。

中小学教师研究要突出应用

申报课题—研究课题—申报成果，然后进入新一轮申报课题的循环，这是很多学校教科室负责人的工作常态。很多研究在获得一纸证书的欣喜后或一声叹息的失落后就不再具有生命力了。所以，在现实中也出现了课题研究漫天飞舞，而教育问题依然层出不穷的尴尬。

或许这跟当前的中小学研究中存在的过强的功利心有一定的关系。比如相关部门对学校的考核中有科研成果的要求，教师参加职称评审或者参加名优教师评选，课题成果也是一个加分项。这就使得当下中小学课题研究过程中，存在立项非常积极、开题轰轰烈烈、过程松松垮垮、结题隆重包装的“重两头，轻过程”的不合理现象。其实，对于中小学教师的研究而言，最重要的是过程研究。教师正是在课题研究的过程中，进一步学习思考，进一步深入实践，进一步改进行动，才能最终形成自己的研究成果。那么，缺少了最重要的研究过程，研究报告的质量也是可以想见的。有些学校层面的课题，学校领导会邀请专家进行指导，对研究成果进行包装，最终可能也会形成看起来不错的成果，也有可能获得好的奖项，但这样的研究成果也就只能起到撑门面的作用，对学校的发展和教师的成长没有实质性的作用。

在笔者参加的某次培训中，专家讲座所呈现的研究中有两项，一项是区域层面的学校办学质量的提升，另一项是学校层面的学生阅读推进。这两项研究都是行动研究，共同的特点是研究周期长，并且都是一边研究，一边改进，通过研究来有效解决相关问题，并取得了很好的成效。可见，中小学教师的研究，其生命力是凸显在应用中的，能有效解决相关问题，才是中小学教师研究的价值所在。

对于中小学来说，应用性强的研究才真正有生命力，也正是在研究中改进实践，在实践中发现新的研究点，这样研究和实践就处于螺旋式上升的态势。提升自我，改进实践，是中小学教师研究的价值取向。这样的研究，对学校和教师个人都是真正有价值的，也是可持续发展的。

如何确立研究的价值观，突出应用，让研究不再为研究而研究，而是为提升自我和改进工作而研究，这样的研究才能走得更远。

《人民日报》2016 年 8 月 29 日刊发了《医学赶超一流，岂能忽视临床研究》一文，很值得我们思考。事实上，教师的研究跟医生的临床研究有异曲同工之妙，中小学教师的研究也应突出应用。

这样，研究就能更好地发挥促进教师成长的作用，教师也能进一步享受研究带给自己的“红利”。教师享受这样的“红利”，其实就是在研究中有了更多的获得感，会进一步激发自己对研究的热情。

人们常说读书是为己之学，其实中小学教师的研究，同样是为己之学，主要是为了改进工作和提升自我。对于很多学校和中小学教师而言，在各类立项课题中投入了很多的时间和精力，最终希望能在评审中有好的结果，这自然是人之常情了。

事实上，对于中小学教师而言，申报的课题在立项评审和成果评审中，实用性是很重要的一个考量指标。毕竟对于中小学教师的研究而言，并不是要解决理论创新的问题，而是要解决教育教学中的实际问题。当然，对于不同层面的研究来说，要解决的实际问题也不尽相同，有的要解决整个学校层面的问题，有的只是解决个人教育教学工作中的问题。

以 2020 年 1 月浙江省教科院公布的 2018 年度浙江省教育科学研究优秀成果获奖名单为例，在 30 个一等奖中，基本上都是以解决实际问题为主的。比如《中职学校 HOPE 生涯教育模式的构建与应用》《指向学习力提升的初中理科分层走班校本研究》《普通高中分层分类走班教学的实践研究》《“四定策略”：时间小达人之教育研究》等。当然，省级的教科规划课题，着眼解决的都是学校构建和教育教学改革层面的相对比较大的问题。

那么，我们不妨来看看 2019 年 11 月宁波市教科所公布的宁波市第三届课改与教学个人专项课题的获奖名单。在一等奖名单中，有《思维导图在小学英语阅读教学中的应用》《小学一年级阅读关注力的研究》《高段学生整本书阅读指导策略的实践研究》《六环四蒙式教学法在中职形象设计专业中的运用研究》等。可见，从宁波市的课程与教学个人专项课题的评审结果来看，获得一等奖的成果也都是突出实践应用的。作为个人专项课题，这一类的课题主要着眼于解决个人教学实践中的问题和难题，就是要在研究中把问题给解决了。如果教师在做这样的个人课题研究中，也流于形式的话，那最终的成果肯定也是上不了台面的。从某种程度而言，中小学教师的研究首先是做出来的，在做得好的基础上，才能把研究报告写得好。

正如高考成为高中教学的指挥棒一样，在各类教育教学成果评选中突出应用性，就为中小学教师的研究指明了方向。

对于有些一时在研究方向和研究内容上找不到目标的老师，不妨参考一下近几年相关的课题立项名单和成果获奖名单，看看同行在研究什么内容，什么样的成果能获奖。这样，结合自己日常的教育教学实践，或许就会引发自己的研究灵感，为自己找到合适的研究选题。即使自己不准备申报课题，这样的学习借鉴对自己开展日常的研究也是有帮助的。

校本德育研究常态化的三个着力点

2017 年 8 月，笔者参加了宁波市镇海区教育局组织的以“关注德育细节，守望生命成长”为主题的中小学德育“草根谭”第二讲。在本次活动中，三位草根教师结合自身的工作实际，从“表扬的艺术”“学优生的挫折教育”“师生书信沟通的尝试”这三个不同的视角，介绍了关注细节在做好育人工作中的价值。

接下来，与会的教师以六人小组为单位，按照事先的分组对“如何加强与中等生的沟通”“如何平衡惩罚和鼓励的关系”“如何改善学困生的家庭教育状况”等七个话题进行分组讨论，然后每个小组派出一个代表进行大会交流。

最后，镇海区的一位正高级的德育特级教师厉佳旭对大家的发言进行了点评，并从德育理念上进行了引领。由于本次研讨的话题都是大家日常工作中经常碰到的，具有针对性并且非常接地气，因此，与会的教师都非常投入，会后大家也表示收获很大。

笔者觉得这样的活动是非常有效的区域德育研讨活动。

多年来，无论是区域层面还是学校层面，学科研讨活动非常普遍，而德育研讨活动则难得一见。曾经有一阵子，学校是以教研组为单位还是以年级组为单位安排教师办公室引发过广泛讨论，讨论的结果大致是教研组模式有助于推进日常教研，年级组模式则有助于搞好学生的管理。目前，学校的教研活动是教研组在安排落实的，而年级组则是负责一些管理工作，基本上不会落实德育研讨活动。

学校层面的德育研讨活动常态化还是一个亟须关注的话题，不少学校在德育研讨活动上有过积极的探索，但尚未规范化和常态化。学校在开展德育研讨活动上可以从以下三个方面去尝试。

一、有效开展“集体备班”

所谓集体备班，也可以称为班级任课教师例会，一般由班主任召集该班的全体任课教师一起研讨存在的问题、努力的方向等，并可邀请学校领导参与。这样的做法，有些班主任或学校层面尝试过，但由学校层面深入系统开展的并不多。

其实，集体备班和集体备课有异曲同工之处，集体备课是同一学科的教师就学科教学群策群力，智慧共享。集体备班则是同一班级的任课教师从育人的角度出发，或提出对班级建设的建议，或就如何教育某些特殊学生献计献策。这样的方式，也是学校培养班主任后备人才的有效路径，让一些年轻教师在参与班级治理中提高班级管理水平。

笔者原先所在的仁爱中学也有过这样的尝试，用两种方式来召开班级例会：一是采用学校行政预约的方式，如果学校发现某个班级的发展存在一定的问题，就以学校行政预约的方式要求召开班级例会；二是如果班主任觉得有必要召开，也可以召开班级例会，并邀请学校领导参加，学校一般会至少安排一名校级领导和相关中层管理人员参加。

集体备班其实就是一种校本的德育研讨，如果学校能将其制度化，则能更好地落实全员育人，提高全体教育工作者的德育专业化水平，提高学校德育工作的实效。

二、定期举行“班会观摩”

班会观摩，其实就是开设主题班会的公开课，全校班主任和感兴趣的教师可以一起来观摩。如何让主题班会课发挥实效也是一门学问，不少班主任在班会课上当起了甩手掌柜，以培养学生能力的名义，让学生做所有的事，自己则不闻不问。事实上，有些主题班会课适合学生主持，有些则必须由教师来主持才能更好地应对课堂上的动态生成。比如涉及心理辅导和价值观碰撞的内容，由学生来主持很难把控现场局面。

随着班主任专业化的推进，上好主题班会课也成了班主任的一项必备能力。因此，学校组织班会观摩，既可以让一些班主任有上班会公开课的机会，其他的班主任也可以在观摩中习得相关技巧，提高班会课的策划、设计和组织能力。在学科教学方面，各校各个层面的公开课是很常见的，但主题班会观摩则相对较少，形成制度化的学校也不多。

三、精心组织“主题研讨”

主题研讨可以有多种形式。可以定期组织班主任沙龙，围绕学校班级建设中碰到的具体问题开展研讨；也可以开展主题征文活动，比如聚焦德育热点问题，让德育工作者撰写心得体会，把相关文章汇编成册，作为学校德育校本培训资料；学校还可以在此基础上举行德育研讨会，让优秀作者进行大会交流。这样的做法可以激发德育工作中的研究意识，注重积累日常资料，加强日常的行动反思。

笔者原先所在的仁爱中学每年举行一次德育研讨会，围绕德育热点问题展开讨论，每年暑期师德学习期间进行大会交流。这样的德育研讨方式让大家都有进步。

上述的三种德育研讨方式，门槛不高，操作简便。

与学科教研活动相比，德育研讨相对薄弱。2017 年上半年，清华大学原副校长谢维和在《人民教育》连续五期发表文章探讨德育和教学的关系，认为德育搞不好就是教育最大的失败，做好德育工作能促进教学工作。以此观点来看，重视德育研讨、提高教师的德育专业化水平，更好地做好德育工作，事实上也能促进教学工作。这样，实现德育和教学的双赢，不是更好吗？

教育科研要有“持久战”意识

2019 年 9 月，在杭州市上城区教育大会上，杭州天长小学一个课题获得 2018 年基础教育国家级教学成果一等奖，得到了上城区教育发展基金会 500 万元的奖励。一个小学因为一个课题获奖，就得到了 500 万元的奖励，这件事自然在网上引发了热议。

客观地说，一个小学因为一个课题获奖，就得到了 500 万元的重奖，这听起来似乎有点天上掉馅饼的感觉，简直太震惊了。不过，要获得基础教育国家级教学成果一等奖也并非易事。这项成果四年评选一次，以 2018 年为例，全国共评出了 2 个特等奖，50 个一等奖。而且，高校研究者、各级教科研部门的研究人员也在这项评比中分一杯羹。可见，天长小学的这个一等奖的含金量是非常高的。

其实，天长小学这次引发各界关注，除了是因为得到 500 万元重奖外，还在于五任校长就一项课题接力进行了 30 年的研究。一所小学一项课题进行30年的研究，其间还经历了五任校长，这真的可以说是奇迹。

据介绍，天长小学的这个课题叫作“一个模子不适合所有学生：小学差异教学的实践研究”。天长小学对“差异教学”的研究始于1990年，相继进行“差异教育实验的理论构想”“基于差异的教育”等多项研究。经过持续近30年的实践和思考，形成了“天长没有差生，只有有差异的学生”的核心理念，为班级授课制条件下实施个性化教学、为实现尊重每个学生的发展提供了宝贵的经验。在此之前，天长小学的这项研究成果先后获得全国教育科学研究优秀成果奖、浙江省基础教育教学成果一等奖等数十项奖励。

无独有偶，在2018年基础教育国家级教学成果奖一等奖的名单中，上海市实验学校的获奖成果“尊重学生个性潜能差异的学与教的变革——30年的持续跟踪研究与实践”也是坚持了30年。

当然，30年并不是一项教育科研成果要坚持年数的“标配”。但这两项坚持30年的科研成果最后修成正果，也昭示了一个朴素的事实：做教育科研要有板凳要坐十年冷的勇气和自觉。

现实中，很多学校也很重视教育科研工作，积极申报各级各类课题。但有一个问题很值得警醒，虽然不少学校研究的课题跟学校发展、教师和学生成长有关，但现实中很多学校的课题研究以结题评奖结束。如果获奖了皆大欢喜，如果没获奖则一声叹息。无论获奖的，还是没获奖的，这项研究到此就打住了，大家都把目标聚焦在下一次的申报上。申报、研究、结题就成为教育科研的一个闭环。于是，在大多数学校，一个课题获奖后就完成了使命，往往被束之高阁，唯有那纸获奖证书在需要的时候被翻出来。

客观地说，各级各类的课题都有完成的年限，有一系列的流程，最后就是结题和成果评奖。课题管理部门要求严格的，对不按期完成的课题要撤项。正是因为立项的课题有时间限定，所以承担课题研究的单位必须在规定的时间节点前完成课题研究。当然，根据课题研究的实际情况，对于因各种原因不能完成的课题，可以申请延期结题，但这个延期的时间一般不会超过一年，最终还得结题的。

为此，很多学校在课题研究上存在着短平快的现象，一般的课题最多两年就结题，甚至有的课题一年就结题。这跟原先的课题管理模式有一定的关系。以浙江省教科规划课题为例，在 2018 年以前规划课题和体艺卫专项课题的研究周期一般为一年，重点课题研究周期一般为两年。

笔者留意到，浙江省教育科学规划领导小组办公室 2018 年 10 月印发的《浙江省教育科学规划课题管理办法（修订版）》明确规定，省重点课题指在规划课题研究基础上需要继续深入研究的，有重大理论和应用价值的课题，研究周期一般为三年，最多不超过四年。省规划课题和专项课题指教育教学具体领域的课题，研究周期一般为两年，最多不超过三年。可见，从教科管理部门来说，延长课题的研究年限，是有一定的导向意义的。

省教科规划办调整课题管理办法后，各设区市也跟着调整。这对学校的课题研究来说是个好事情。

根据课题管理部门的相关要求，课题研究到了规定的年限必须结题，这完全可以理解。但对于学校而言，如果旧课题有继续研究的价值，不妨继续开展，并不一定要另起炉灶来研究新内容。或者，即便有新的内容要研究，原有的课题也不要放弃。现在课题管理部门的重点课题是在原有基础上的再研究，也是鼓励学校把已有的研究进一步深化。当然，对相关的研究成果的后续研究，学校也并不一定要急着立项，可以继续把研究和改进工作结合起来。到一定程度，自然也可以继续申报立项和成果评选。

2019 年 7 月去世的我国情境教育创始人李吉林先生，在 1978 年开始情境教学的实践探索与研究以来，从小学语文情境教学到情境教育、情境课程，在情境教育的研究上取得了丰硕的成果，并获得 2014 年我国首届国家基础教学成果特等奖。当年获得国家基础教学成果特等奖的仅 2 项，另一项为北京十一学校的育人模式的创新及学校变革的实践。

“教育科研是第一生产力”，这并不是一句空话。要让教育科研不成为一束漂亮的塑料花，不妨在做深上多下点功夫。多一点“持久战”的心态，教育科研带来的回报自然也就更多。

疫情之下教师研究成为一种刚需

2020年2月中下旬，宁波市教科所和浙江省教科院先后发布了关于“疫情和教育教学”专项课题申报的通知，宁波市的各县（市、区）教科部门汇总统一上报，省教科院的则是可以直接报送。从市级“疫情和教育教学”专项课题的申报情况来看，各校还是比较积极的，上报的区里的课题数量是送市指标数的两倍。

省教科院网站上关于“疫情和教育教学”专项课题申报的通知是2月21日发布的，2月28日省教科院网站就公布了第一批的78个立项课题的名单。据介绍，此次课题评审范围是2月21日至2月23日期间递交的课题，这也不得不说全省教科系统执行力之强。在不到三天的时间内，就完成了从通知的逐层转发到课题申请材料的报送。

此后，省教科院网站又分三批公布了疫情专项课题的名单，省教科院的微信公众号和省教育厅的微信公众号也进行了转发。或许是省教育厅微信公众号“教育之江”的转发，进一步激发了全省教师参与申报疫情专项课题的热情。

4月2日，省教科院网站对本次疫情专项课题的申报情况进行了说明。在2月21日到3月15日申报期间，共计收到课题申请书13000余份。申报主题主要集中在居家学习、爱国主义教育、危机应急和家校协作等方面，最后609项课题获得立项。截止到4月2日，已经有2个疫情专项课题的研究成果得到副国级领导和副省级领导的批示。

在不到一个月的时间里，全省共收到课题申请书13000余份，这的确可以用十分火爆来形容。当然，这跟本次课题采用直接申报有关系。有申请意向的学校和教师可以通过发电子邮件的方式直接申报。而以往常规的省规划课题申报，则是通过县（市、区）、设区市逐级申报，设区市给直属学校和各县（市、区）一定的指标，然后设区市教科部门进行遴选，再送到省教科部门，省教科部门再通过专家匿名评审的方式确定最终的立项课题。可以说，常规的省规划课题立项申报，需要过五关斩六将，的确不容易。相比较而言，这次疫情专项课题，省教科院开通直接申报绿色通道，对很多想参与省级规划课题研究的学校和老师来说，是一个很好的机会。

后来，笔者也认真地看了省教科院公布的立项课题的名单和省教科院微信公众号不定期发布的疫情专项课题的研究成果，则想到了另外一个话题。在疫情之下，教师研究成为一种刚需。

在疫情防控背景下，“停课不停学”对学生是挑战，对教师而言同样是挑战。对于很多教师而言，以前习以为常、得心应手的教育教学方式使不上劲了。因此，用研究的方式去破解问题，成为不少学校和教师的理性选择。

从浙江省教科院公布的“疫情和教育教学”专项立项课题的选题就能管中窥豹了。比如《抗击新型冠状病毒下问题探究式主题班会课的设计与实践研究》《唤醒与催生：疫情防控与生命教育深度融合的实践》《“钉”健康，战疫情：基于“钉钉”打卡运动项目提升小学生家庭教育体育锻炼习惯的策略研究》等，都是在面对疫情防控的形式下，原先的做法行不通了，用研究的方式去推进，以探索针对性的应对方式做好相关的工作。

在浙江省教科院第一批公布的78项“疫情和教育教学”立项课题中，高校的立项课题占了一半左右，中小学、幼儿园和教育研究部门也占了一半。后面的三批课题，笔者没有进行具体的统计，但是大体上看，高校占的比例比较高。其实，这个立项比例跟以往的年度立项情况差不多。以前的年度教科研规划立项课题公布的课题立项目录中，高校和各地市的课题是分类统计的。以2020年浙江省教科规划立项课题为例，高校的为383项，各地市为347项。不过，地市另有体艺卫专项课题62项。这样，高校的规划课题总数和各地市的总和整体也相差不大。

在本次省“疫情和教育教学”专项课题的立项中，高校和各地市的立项总量和常规的年度立项也差不多。这充分说明，无论对高校还是中小学而言，面对疫情的挑战，有很多的工作需要更好地用研究去推进。此外，各地的教育研究部门也充分投入到应对疫情的挑战中去了。

浙江省中小学教师培训中心开展了2020年浙江省教师教育规划“疫情下的教师培训和教师发展”专项课题的申报，也采用了课题负责人直接申报的方式，最终有432项课题获得立项。的确，在疫情下，常态化的线下教师培训已无法举行，如何探索线上教师培训的模式，如何提高线上教师培训的实效，成了不得不面对的挑战，用研究的方式来推进教师培训工作，自然也成了最优选择。

2020年8月中旬，中国教育科学院国际与比较教育研究所的微信公众号上推送了《2020全球学习者调查：6个发现与7个趋势》一文。文中指出，全球知名教育集团培生集团发布的最新的《全球学习调查》指出，新冠疫情正在彻底改变教育和工作。全球88%的学习者表示，在线学习将永远成为小学、中学和高等教育的一部分。在全球范围内，超过四分之三的人认为，教育将因疫情的改变而发生根本改变，我们不再可能回到疫情前的教育世界。

不管怎么说，这次疫情带来的教育的改变，给教师的教育教学工作带来了新的挑战。用研究的方式去应对疫情带来的挑战，将是教师教育教学工作的“新常态”。

提升教科室主任业务素养不容忽视

2019 年第 4 期的《今日教育》杂志刊发了《基层学校科研室老师的角色定位》一文，读来发人深省。该文作者是上海市某区的教科研工作管理者，他提到学校科研室的教师面临着非常尴尬的处境和地位，比如被一线教师瞧不起，穷于应付各种材料，自身研究能力不强等。关于基层学校教科室成员的尴尬地位，也不是第一次被专业刊物关注。早在 2010 年，《教师博览》杂志也专门做过一期《教育科研的价值和力量》的专题探讨，说教育科研是个尴尬的话题，尴尬在于：在绝大多数学校里，负责教育科研职能的处室成为一种摆设，没有发挥教育科研应有的职能。如何做好教科室主任也是一个值得探讨的问题。

现实中，很多学校的教科室主任是在没有具备应有的岗位胜任能力前上岗的。为此，如何提高教科室主任的岗位履职能力是非常重要的。

笔者曾在仁爱中学担任教科室负责人多年，目前从事区域层面的教科研管理工作，对教科室主任如何更有作为有着深切的体会。作为教科室主任，需要明确自己的角色定位，并进一步加强修炼，赢得应有的尊重，变“可有可无”为“不可或缺”。

做合格乃至优秀的学校教科室主任，需扮演好以下四个角色。

一、做好常规工作，扮演好“管理者”

尽管课题研究不是教育科研工作的唯一，但对于学校的教科室来说，做好课题管理工作是常规管理的重头戏。

课题管理是教科室负责人最常规的工作，比如各级规划课题的申报、评选的时间节点，教科室负责人都应该了然于胸。目前，主要是省市的教科规划课题和教研系统课题的管理，以及区级层面的课题管理。比如宁波市还设立了学校德育和课程与教学方面的个人课题序列，每两年开展一次体育和艺术的专项成果评选。对于这样的业务上的要求，教科室主任要做到心中有数。这样，才能更好地加强过程管理，确保各类课题的研究如期进行。

此外，教科室主任要了解自身工作领域内可以参与的活动，比如每年三月份的浙江省教育教学论文评选。

教科室主任对各项工作要做到心中有底，这样就可以管理好自己的时间，留出各个时间节点完成重点事情，避免忙碌的时候手忙脚乱。

做好常规工作，这是教科室主任履行“管理者”职能的具体体现，这是做好教科室负责人的底线标准。从某种程度上来说，这样的“管理者”职能的履行，并没有体现教科室主任的专业性，这只是一般的管理行为，是完成部门职责的事务性工作。但现实中，有些教科室主任对这些常规工作并没有很好地了解，尤其是一些新手教科室主任，需要有意识地加强这方面的学习。

二、促进教师成长，扮演好“指导者”

促进教师成长，一是要切实体现部门特色，为教师的课题研究提供服务，这里的服务更多的是一种专业的指导。此外，促进教师成长，需要从更大的层面去开展，比如推动教师阅读就是一个很好的举措。

在《教师微型课题研究指南》一书中，作者提到，研读、学习相关的理论论著和教育研究成果，不仅可以帮助我们丰富知识、拓宽视野、提升学术素养，也可以帮助我们找到研究的课题。现实中，可能很多教师喜欢读文学作品，但不是每个教师都喜欢读与自己相关的教育理论。因此，教科室主任有意识地推动教师开展专业阅读，这是促进教师成长的有效策略，也是间接推动教育科研工作的有效抓手。

《中小学教育科研与教师成长》一书的作者王翔宇曾担任过基层学校的教科室主任，他的观点很值得我们思考。他认为，教科研的第一价值是促进教师成长，把教师专业发展的热情激发出来之后，让有所成长的教师主动去做课题研究。为此，他在“用项目促进科研实践”中，把推进教师专业阅读作为一个项目。其实，这样的做法，跟直奔主题抓学生的分数和把学生的学习热情激发出来之后让学生主动涨分数，有异曲同工之妙。笔者曾把这本书作为全区教科室主任的共读书，除了更好地引导大家来做好教科研管理工作之外，也进一步激发了大家推动教师阅读的热情。

当然，教师通过专业的阅读，不仅仅有助于开展课题研究，也能更好地用于改进自身的教学。这样，教科室主任的作用，也能够让教师看得到。

三、助力校长办学，扮演好“参谋者”

教科室主任在学校的整体发展中应该起到什么样的作用？也就是说，教科室主任的眼睛不仅要向下，也要向上，就是要助力校长的办学。宁波市教科所某领导在一次课题点评中提到，教科室主任要扮演好影子校长的职责，能更好地从学校的全局发展去看待问题。正是因为教科室主任经常执笔全校性的课题，因此思考的面更广，也能得到更大的发展。另外，要想做好教科室工作，校长的支持是非常重要的，如果教科室主任能更好地助力校长办学，那么自然也能得到校长更多的重视。比如，能对校长提出的办学思想进行论证，提供理论上的支持；能对校长的一些想法，进行进一步的梳理，形成文章……这样，教科室主任和校长就能形成互补，在办学的实践和经验总结上得到更好的融合。

现在，各级教科部门成为智库，因此，学校的教科室也应成为学校的智库，教科室主任也应成为名副其实的智库专家。当然，现实中由于教科室主任大多是从学科教师转任，要扮演好校长的智囊，并不容易。但如果教科室主任有能力扮演这样的角色，那么在学校的地位自然也不会低，也自然能更好地推进自身的工作。可见，要想成为一名有所作为的教科室主任，助力校长办学也应该成为自己的自觉追求。

四、坚持自身研究，扮演好“示范者”

教科室主任要成为教师中研究的先行者，必须下水实践，不能只敲边鼓。一般而言，学校的一些主要课题，教科室主任都要参与，这也是教科室主任的职责所在。但除了完成学校的一些课题研究任务外，教科室主任也要有自己的研究专题。这就是人们通常说的，教科室主任既要成为杂家，也要成为专家。教科室主任不要只耕百家田，而荒废了自留地。也就是说，教科室主任也要结合自身的日常工作，形成自己的研究主题。这样的研究主题，既可以是学科教学方面的，也可以是跟教育科研相关的管理工作方面的。

教科室主任有了自己的研究主题，并能经常写文章发表或者获奖。这对其他教师而言，就起到了很好的示范作用，也就形成了榜样的力量。

这些年，笔者一直用研究的态度来对待推动教师阅读，在基层学校如此，到了区教科所也是如此，因此在这个方面取得了多项成果，也发表了多篇相关文章。其实，教科室主任就是用自己的实践为研究的价值代言。

客观地说，教科室主任要扮演好这四种角色并不容易，尤其是新手教科室主任，要首先从做一名合格的“管理者”开始，然后努力向“四者并举”奋斗。当一位教科室负责人成为“四者兼修”型的教科室主任时，不仅一线教师不会看不起，校长也会很重视，自身也会有成就感。从另一个层面上来说，教科室主任这一岗位也特别能锻炼人，前些年“教科室主任”现象也曾引起过广泛的关注。所谓“教科室主任”现象，就是指很多的学科名优教师、学校领导，都是从教科室主任的岗位上成长起来的。

当你有幸成为教科室主任时，不妨把“四者兼修”作为自己的成长目标，这样自己也会从“可有可无”变得“不可或缺”。

过一种有“研究味”的教育生活

2017年2月，应《教育时报》相关编辑的约稿，我在《教育时报》“名师有约”栏目上发表了《过一种有“研究味”的教育生活》一文。做一个有“研究味”的教师，过一种有“研究味”的教育生活，就是我的专业成长之道。

一、在“边教边研”中起航

2001年8月，从浙江大学教育系毕业后，我进入宁波市仁爱中学担任专职心理教师，成为这一领域的先行者。伴随着我一起走上工作岗位的，是我花了几百元钱在大学图书馆复印的相关资料，这给我的工作增加了底气。读大学时，教育文献与检索课老师的一句话给我留下了深刻的印象：“你想对一个领域有比较深入的了解，就必须阅读五年期刊上发表的相关论文。”于是，在大学的最后一个学期，我提前进入了工作状态，只要有空就泡在图书馆里，利用浙江大学图书馆资料丰富的便利，查阅并复印了大量的学校心理健康教育和中小学教育方面的相关资料。

尽管刚走上工作岗位时，我属于三无人员（无指导老师、无固定教材、无教研团队），但前期的资料积累让我非常有底气来应对自己的工作。为了更好地了解学生的心理健康状况，我利用心理健康诊断测试（MHT）对学生进行测试，从问卷实施、结果统计，到调研报告撰写，我花了三个月的时间，经历了一次完整的研究。由于我此前复印过类似的调查报告，这样，我撰写调查报告也就有了参考范本。后来这篇调查报告获得了中国教育学会教育实验研究分会年会论文评比二等奖，这对于工作仅三个月的我来说，的确算是莫大的鼓励了。

此后，《科学看待学生心理健康问题——中小学心理健康教育的重大命题》在宁波市第二届学术大会的心理专场公开宣读。对学生心理健康问题的关注，我一直持续到现在，其间还在《教育时报》上发表了《走出片面夸大学生心理问题的误区》一文。

在边教边研中起航，我的工作就多了很多的“研究味”，研究加快了自己的成长。工作四年后我进入了学校中层管理队伍，开始负责学校的教育科研工作和教师培训工作。

二、在“融合研究”中成长

目前的教师研究，一种是自己在做研究，一种是参与各类有“户口”的规划课题研究。当然，做规划课题研究是有一定的门槛的，并不是每一个教师都有机会。但这两者也并不是截然对立的，教师可以在这两者之间自由行走。我就是在这两者之间自由行走，加快了成长的步伐。

作为学校教科研工作的具体负责人，我负责了学校层面的各类规划课题的具体研究工作，在开题论证、中期检查、结题指导等过程中得到了专家的指导，切实提高了自己的研究能力。研究能力的提高，更加方便地让我开展自己感兴趣的“草根”研究。

自 2008 年 11 月担任仁爱中学教师读书社社长以来，我就用研究的态度来思考如何推动教师阅读。通过资料检索，我认识到，营造浓郁的氛围和点燃教师的阅读热情，是推动教师阅读的关键所在。因此，我向学校主要领导借力，让他们出席教师读书沙龙，借助他们的帮助来号召教师阅读。此外，我建议学校把教师读书心得体会文章纳入学校的教科研成果奖励范畴，读书心得体会文章奖励标准等同教学论文，并积极组织教师参加读书征文评比或推荐到相关刊物发表，让教师们有“获得感”。通过聚焦这两个关键点，学校不仅有效推动了教师阅读，教师阅读还成为学校促进教师发展的一大亮点。依托这些年自己在推动教师阅读上的一些“草根”研究，我也把教师阅读文化作为自己攻读教育硕士学位的选题，并以《中学教师阅读文化构建的策略和路径》论文获得了教育硕士学位。我个人出版的《教师阅读力》，被重庆市、湖北省等教育行政部门作为教师阅读推荐用书。我个人还因为推动阅读获评 2015 年浙江教育年度十大影响力人物。2020 年，我获评《中国教育报》“推动读书十大人物”。

只要用心，我们就可以在学校教育的一些熟视无睹的事情中发现研究点，进行实用研究。提高班主任班会课主持能力的研究就是其中一例。我在不同的学校中发现不少班主任当甩手掌柜，主题班会基本上由学生主持，这样主题班会课往往变成了类似小春晚的娱乐节目，这种现象较为普遍。在班主任专业化越来越得到重视的情况下，上好主题班会课应该成为班主任的基本功。在宁波市中小学德育研究会张骏乐会长的指导下，我们一起开展了这方面的研究。后来，我们把主题班会课分为“宣导歌颂型”“体验感悟型”“思辨说理型”三类，每一类班会课对应不同的主持方式。

“宣导歌颂型”这类班会课的内容涉及知识传播和佳节喜庆两个方面，通过学生活动，对拓宽视野、展示个性、丰富课余生活，培养学生组织、交流和自我管理等能力很有帮助，比较适合学生主持。“体验感悟型”班会课的教学内容大致是心理辅导活动课的范畴，需要教师运用心理辅导的理论和技巧，引导学生倾诉宣泄、互动交流，这种教学能力学生无法达到，更适合教师参与主持。“思辨说理型”班会课内容关系到价值观念的澄清与引领，需要考虑学生的真实感受，起到“廓清是非，提高认识”的作用，适合教师主持。可见，班主任必须要提高班会课主持能力，才能更好地应对班主任专业成长中的挑战。

三、在“云端助研”中飞翔

每周三，我都会在电脑上浏览一下《教育时报》的电子报，看到自己感兴趣的文章，就放到印象笔记中，印象笔记上的内容会自动同步到手机和平板电脑上，这样自己感兴趣的文章就变成了便携式的科研参考资料。同样，我在其他网站看到自己需要的科研资料，也会通过印象笔记，实现“电脑端、手机端和平板电脑端”的同步传输，让研究资料触手可及。在这样一个云时代，我充分利用云储存的便利，让“云”助力自己的研究。

在今天这个移动互联时代，资料的获得更加便捷，门槛也更低。对于教师的研究来说，需要有教育科研方面的知识管理意识，我利用印象笔记，有效地管理自己的研究资料，把碎片化的资料体系化。为了方便自己的科研知识管理，我还专门买了一个大容量的迷你型平板电脑，并放在自己的包里随身携带。

微信不仅是社交工具，同时也是积累研究资料的有效来源。现在，很多的教育媒体都建有微信公众号，会推送不少有价值的文章，而微信上的文章可以一键分享到印象笔记上。我们可以及时收集这样的文章，纳入自己的科研资料库中。比如，全球 PISA（国际学生评估项目）的测试成绩公布，很多教育媒体的微信都推送了相关的分析和评论文章。这样，我就把相关的文章分享到印象笔记上，并通过整理，让自己对这个问题有理性的认识。

我还定期对印象笔记上的文章进行梳理，分类整理。这样一方面方便自己利用碎片时间进行阅读，把碎片时间变成移动阅读的“黄金时间”；另一方面，我写文章，需要查阅资料的时候，拿出平板电脑就可以轻松地查到。另外，我还可以利用手机在印象笔记上写作，记录稍纵即逝的思维火花，相关的内容就能同步到电脑上，可以在电脑上继续修改。我发表的不少文章，就是在坐地铁、排队的时候在手机上输入主要思路，然后在电脑上继续修改定稿的。现在有了“讯飞语音”的助力，在手机上写作显得更加方便了。

身处移动互联时代，面对无处不在的“云”，我巧妙地让“云”来助力自己开展研究，有效地提高了效率。

其实，让自己过一种有“研究味”的教育生活，门槛并不高，人人都可以有所作为。可以说，从教以来，我就一直过着这样的一种专业生活。今后，我依然会在这条道路上继续探索，促进自己的可持续发展。

做班主任，缘何变得真有意思?

2020年4月，笔者在网上看到《做班主任，真有意思》一书的介绍，就想看看这本书的作者张玉石是怎样把班主任工作做得有意思的。因为在现实中，内心真正喜欢做班主任的教师并不多。《中国教育报》在探讨有关班主任工作的文章中，有人把班主任工作视为鸡肋。媒体也曾多次刊发多地的班主任荒的报道。当然，一个人做自己认为有意思的事情是绝对不会有鸡肋的感觉的。

认真阅读了《做班主任，真有意思》一书后，笔者对作者张玉石所认为的“做班主任真有意思”有了客观理性的认识，并写了题为《做有“研究味”的成长型班主任》的读后感悟在《宁波教育》刊发。

张玉石认为做班主任真有意思，并非矫情，也不是无病呻吟。她并不是不食人间烟火的世外高人，而是在班主任工作岗位上摸爬滚打成长起来的“实战型”班主任。她并不是一开始就认为做班主任是有意思的。恰恰相反，刚刚走上班主任岗位的张玉石，和很多负责任的班主任一样，和学生斗智斗勇，对学生采取高压态势，虽班级管理卓有成效，但自身也是心力交瘁，所以她认为做班主任真没意思。后来，她以前教过的学生来看她，心中有她，让她觉得做班主任有点意思。再后来，她用研究的心态来看待班主任工作，看待烦琐的事务，发现很多事情有了新意，才觉得做班主任是真有意思。

可以说，张玉石对班主任工作的态度，从真没意思，到有点意思，再到真有意思，是因为走上了研究的道路。毫无疑问，班主任在学生的成长中扮演着非常重要的角色，班主任工作是很有意义的。那么，当有意义的事情变得有意思的时候，自然就能做好。

无独有偶，山东的王立华老师也写过一本书《会做研究，班主任就赢了》。王立华老师也是用研究的态度来对待班主任工作本身和班主任的相关工作的，从中取得了丰硕的成果，自然在班主任工作上做得得心应手了。因为此前对王立华老师也有关注，所以当这本书出版后，笔者也第一时间认真阅读了，并在《中国教育报》上发表了《借力研究做高效能班主任》。

用“借力研究做高效能班主任”的说法来描绘张玉石在班主任工作方面的成长经历，其实也是恰如其分的。

朱永新教授倡导的“职业认同和专业发展”是教师成长的两个翅膀，并且能相互促进，这是非常有道理的，说到了教师成长的底层规律。其实，班主任何尝不是如此呢？要当好班主任，首先要加强对班主任工作岗位的认同，对班主任的工作价值、意义、可能会面临的挑战以及自己的努力方向要有明确的认识，自己真正对班主任工作有了认同，愿意做，这就解决了态度上的问题。在愿意当班主任的前提下，如何把班主任当好，这其实就是一个班主任工作方面的专业成长。愿意当班主任和能当好班主任，这两者也是能相互促进的。

班主任群体，是中小学教师中很重要的一个群体。一般而言，至少有三分之一的中小学教师是在班主任任上的。而现实中教师职称评审要有班主任工作年限，除少数学科外，绝大多数教师都要有班主任工作的经历。

可见，让班主任工作做得有意思，是非常有意义的一件事。张玉石用研究的心态来对待班主任工作，在没有改变班主任工作性质的情况下，走出了一条提升班主任工作效率的新路子。比如有了研究心态的张玉石，在班主任工作中用班级经营的理念来代替班级管理，充分激发学生的自主精神。

正所谓太阳底下无新事。中小学班主任所承担的责任，所履行的职责，大同小异。那么，为什么在很多班主任都觉得班主任工作忙累、没什么意思的时候，张玉石却认为真的有意思呢？那是因为她真正把研究融入了自己的班主任工作实践中，真正把研究作为助力班级经营的法宝，在研究中解决了问题，促进了学生的成长和自我的成长，让班主任工作有了更多的价值和意义。正是因为张玉石用研究的心态来对待班主任工作，她才可以更好地让新接手的班级赢在起跑线上，才能让学生爱上开学季的小活动，即便是中途接班也是游刃有余。无论是在学生的班级自制能力的提升、班级活动活力的迸发方面，还是在学生学习内动力的激发，对学生的个别化教育，推进家校共育方面，研究与她一路相随，自然她也不再“一个头，两个大”，而是能更轻松、坦然地应对。

曾有研究者在《中国教育报》刊文指出，要切实提高班主任的职业幸福，仅仅提高待遇是不够的，更重要的是要提高班主任的专业能力。当然，仅仅是外部力量的倡导，没有班主任自身的觉醒，是远远不够的。张玉石正是因为自己真正认识到了研究之于班主任工作的重要意义，并在研究中享受成长之乐，所以依托研究，她才能淡定从容地应对班主任工作的挑战，更好地享受班主任工作带来的幸福。

如果更多的班主任把班主任这项有意义的工作做得有意思，那么自然是班主任群体之幸，也是更多的学生和家长之幸。

牵手研究，让自己在研究的状态下工作，这真的不是一句口号，而是包括张玉石在内的很多优秀班主任的成长之道。愿更多班主任与研究同行，用自己的努力让班主任工作变得真有意思。

中小学教师是名副其实的研究者

很多教师认为教书育人是自己的天职，而研究并不是自己的本分，研究者并不是中小学教师的人设。至于教师应不应扮演研究者的角色，教育部在2012年颁布的中学、小学、幼儿园的教师职业标准（试行）中，有着这样的解读。教师要“主动收集分析相关信息，不断进行反思，改进教育教学工作；针对教育教学工作中的现实需要，进行探索和研究”。可见，教师职业标准明确教师不仅是教育教学的实践者，同时也是教育教学的研究者。教师职业标准不是针对具体学科的，而是针对所有学科的教师的，只是根据学段的不同，在具体的要求上有所不同。从教师职业标准中对教师的定位来看，说中小学教师既是实践者，又是研究者，一点儿也不夸张。

关于教师是研究者的说法，还真不是中国首创的。这一说法是英国课程论专家斯腾豪斯于20世纪60年代末正式创立的。我国是进入第八次课改后，教师是研究者的说法才慢慢被大家接受的。

日本教育家佐藤学把教师的身份定位为反思性实践者，我国著名特级教师于永正把自己的职业定位为做思考型的实践者。其实这两者是异曲同工的，只是表达方式略有差异而已。于永正老师非常重视理论的指导力量。他认为，理论不能束之高阁，要站在理论家的肩膀上前行。作为一个一线的特级教师，于老师的与众不同之处，就是能把理论转化为“生产力”，把所得、所学转化为课堂的行为，并取得良好的教学成果。他把阅读作为自己的生活方式，又是一位善于思考的读书人，在阅读中一有所得，便努力付诸实践，让理论转化为行动。不断地学习，不断地实践，不断地反思，不断地总结，是他不断成长的秘诀。其实，于永正用自己的实际行动，展现了教师实践者和研究者两者合一的力量。

吴义昌在《如何做研究型教师》一书中认为，反思性实践是中小学教师最为普遍、最为根本、最为基础的研究类型，反思性实践者是所有中小学教师持续扮演的研究形象。《中国教育报》也曾就中小学教师如何成为研究型教师进行过讨论，刊发过多篇相关的文章，比如《成为研究型教师为什么那么难》《研究型教师并不是高不可攀》等。其实，中小学教师也没有必要纠结于能不能成为研究型教师，只要踏踏实实地做一个教育的研究者即可。

开展反思性实践是中小学教师最常见的研究，可以说，教师就是开展反思性实践的研究者。

很多人都会引用波斯纳的“教学＋反思”的教师专业成长公式。“一个教师写一辈子教案不一定能成为名师，但一个教师写三年的教学反思就有可能成为名师”，叶澜教授的这句话也经常被引用，是对写“教育反思”作用的最好代言。

2019 年 10 月，教育部发布了《关于加强新时代教育科学研究工作的意见》（以下简称《意见》）。据介绍，该《意见》是教育部层面发布的第一个专门针对教育科研的指导性文件。笔者决定认真研读这个《意见》，看看是如何看待中小学教师和研究的关系的。在“推动解决教育实践问题”方面，有着这样的表述：充分发挥地方和学校在教育科研中的实践主体作用，鼓励结合实际开展教育改革实验。鼓励支持中小学教师增强科研意识，积极参与教育教学研究活动，不断深化对教育教学改革的规律性认识，探索适应新时代要求的教书育人的有效方式和途径，推进素质教育发展。另外，在健全教育科研体系方面，也明确提到：中小学要积极开展教育教学实践研究，改进教学方法，提高教育质量。

可见，这个《意见》也充分表明，中小学教师是我国教育科学研究的重要力量，参与研究活动的目的是不断深化对教育教学改革的规律性认识，探索适应新时代要求的教书育人方式和途径，推进素质教育发展。从这个意义上来说，中小学开展研究的目的就是推动解决教育实践问题，这跟前面所说的反思性的实践者的定位也是一致的。

不过有一点也需要引起注意，我们倡导教师成为研究者，但并不是成为专业研究者。教师作为研究者，主要强调的是教师应以专业研究的态度和精神来对待教育教学工作。教师作为反思性实践者的身份，和专业的研究者还是有很大的不同的。

现在教育研究领域有很多的研究方法，那么中小学教师主要应该掌握哪些研究方法呢？华东师范大学刘良华教授认为，中小学教师开展的主要是实证研究，具体方法主要有两种：一是调查研究（含历史的调查研究和现场的调查研究）；二是实验研究。在这两种研究方法中，中小学教师所用的主要方法是实验研究，而调查研究往往是用来辅助实验研究的。此外，我们常说的“课题研究”“案例研究”“自我反思”“叙事研究”“行动研究”等，也不过是调查研究和实验研究等经典研究方法的变形、补充或额外的解释。比如“行动研究”就属于实验研究。

笔者认为调查法和行动研究法是教师研究必须要加持的研究方法，这一点从刘良华教授的观点中也得到了印证。而且，中小学教师的研究主要是为了改进个人工作和提升自我，为此开展的研究大多是通过自己的研究来验证某项做法的实际效果。当然教师具体开展研究的过程中，可以在这两种基本方法的基础上，结合具体的研究情况，采用更细化的研究方法，形成针对性的研究成果。

找准研究的方向，开展有效的研究，中小学教师会因扮演好“研究者”角色让自己的教育人生更加精彩！

在“熟视无睹”中发现“实用研究”

笔者曾写过的《在“熟视无睹”中发现“实用课题”》一文，在宁波市第二届教育科研管理研究会征文评比中获得二等奖。这篇文章中所说的“实用课题”，指的是宁波市德育个人课题“提高初中班主任班会课主持能力的研究”，该课题获得宁波市第三届德育专项个人课题成果评比一等奖。在此基础上，笔者对中小学班会课也曾有过较深入的研究。

说起对班主任班会课主持能力以及对中小学班会课的深入研究，最初是源于大家都“熟视无睹”的事。由于有一段日子笔者曾负责拍摄学校的照片，所以每年的主题班会课都要去拍照。在拍照的时候，笔者留意到一个细节，主题班会课基本上就一个套路，两个学生主持，其他学生准备好各类话题和节目进行表演，最后班主任点评几句，有时也不点评。为了验证一下自己的判断，笔者还把前几年拍的照片找了出来，发现的确是那么回事。后来，笔者在区内的另一所学校蹲点学习期间，观看了该校录制的一节精品班会课，看到的还是那种套路，感觉就是一场看上去非常美的文艺节目，也可以形象地称为“小春晚”。

其实，自2006年起，教育部就大力倡导要推进班主任工作的专业化。2009年8月，教育部印发了《中小学班主任工作规定》，明确规定了班主任可以享受一半的教学工作量。随着班主任工作专业化的推进，相关部门也开始组织主题班会课评比。如果举行主题班会课现场评比，那种由学生主持的“春晚式”的主题班会课，教师难道要带着本班的全部人马去参加比赛吗？所以，班主任应该具备全程主持班会课的能力，也能像其他学科教师借班上课那样。这样，即便远在北京举行全国性的主题班会课评比，班主任只身一人前往参加比赛即可。

当时，笔者把自己的这个困惑跟时任宁波市中小学德育研究会会长的张骏乐沟通了一下。张骏乐会长举了两个事例：2009年1月在成都市举行的“全国首届主题班会课对抗赛”中，一堂题为“拥有一颗诚信的心”的主题班会课就采用了学生主持的形式，整堂课不管学生对诚信的解读出现什么疑问，都依然按照预设按部就班进行，结果由于学生的疑虑得不到解决、分歧得不到统一，一堂课也就热热闹闹地走了个过场，甚至有台下听课的教师说太假了。而另外一节有关孝顺父母的课，教师一直引导着整堂课，并充分激发着学生参与的积极性，教师通过引导，让学生对这个问题进行了很好的思考。而且，教师能随时应对课堂上出现的问题。第二堂课就得到了听课教师的一致好评。

可见，有些班会课学生主持是无法完成的，必须由班主任全程主持。于是，在张骏乐会长的支持下，笔者申报了“提高初中班主任班会课主持能力”的市德育个人课题并成功立项。在张骏乐会长的指导下，我们尝试着把主题班会课分为“宣导歌颂型”“体验感悟型”“思辨说理型”这三种类型，每种类型的主题班会课有形式、作用、性质上的表述。比如“宣导歌颂型”的主题班会课的形式有知识竞猜、才艺比拼、文娱表演、讴歌赞颂等，可以发挥拓宽视野、展示个性的作用，“我为‘天宫一号’喝彩”“七一颂歌献给党”就是这一类的主题班会课，可以由学生主持。又如“思辨说理型”的主题班会课，形式有观点分析、思维碰撞、语言交锋、求同存异，可以发挥廓清是非、提高认识的作用，“诚信大家谈”“让责任与我们同行”等就是这一类型的主题班会课，这样的主题班会课，学生主持是无法完成的。正如学科教学中教师要处理课堂上现场生成的问题，在主题班会课上，班主任也需要对一些学生的观点进行及时的引领，否则班会课上可能会出现价值观的紊乱。“体验感悟型”的主题班会课，其实跟心理健康活动课差不多，也可以成为心理班会课，学生主持这样的班会课，也是不好把握的。

因此，主题班会课要有相应的匹配方式，“思辨说理型”和“体验感悟型”的主题班会课适合教师主持，“宣导歌颂型”的主题班会课适合学生主持。可见，班会课让学生唱主角，放手让学生主持班会课，可以美其名曰为放手发动群众，培养学生的自我管理能力，但不能放任不管，要根据主题班会课的内容针对性地选用。随着班主任专业化的不断推进，上好班会课已经成为班主任的基本素养。现在，各地举行的班主任基本功竞赛的很大一部分内容就是主题班会课设计。

笔者的这个德育个人课题结束以后，在仁爱中学领导的大力支持下，学校申报并成功立项了宁波市教科规划课题“时代精神映射下的初中魅力班会课的研究与实践”，通过课题研究来引领全校班主任提高主题班会课设计、主持、研究的能力。其间，学校还结合《有效主题班会八讲》一书的阅读，开展了以“上好主题班会课，提高班主任核心技能”为主题的德育研讨会，好几位教师还开设全程自己主持的主题班会课观摩。

在研究过程中，笔者对主题班会课的认识也不断深入，先后在《浙江教育报》发表了《班主任需提高班会课主持能力》，在《教育时报》发表了《小心“假班会”》和《找准班会课的“着眼点”》，在《师资建设》发表了《让主题班会课焕发魅力呼唤“教师在场”》，在《德育报》头版头条发表了《班会课存在的能力及班主任需要提高的三种能力》等文章。因为自己在主题班会课方面的研究，所以多次担任宁波市中小学德育研究会举行的全市中小学主题班会课观摩大会主持人。笔者还曾应邀给嵊州市的名班主任培训班开设上好主题班会课的培训。

可以说，笔者在主题班会课上的这个“实用研究”，真的是在大家都“熟视无睹”的现象中发现的。

如何成为研究的长期主义者

现在，做一个长期主义者的说法比较流行。中小学教师，也应该成为研究的长期主义者。中小学教师做研究，不排除有一定的功利因素。但真正把研究作为自己的一种专业生活方式，还得找准相应的方法。

一、让自己有获得感

从理想的角度而言，教师的研究要远离功利，但从现实的角度来说，在研究中有获得感，这是激发教师研究热情的重要动力。教师可以根据自己的实际情况针对性地研究相应的问题。在具体的操作上，可以申报各类课题，也可以做没有名分的“草根”自研究。

目前，从各类教科部门的课题管理来看，往往以一年作为研究的年限，因此，教师可以结合自己工作的需要，做一些短平快的课题。这样，一方面可以为自己解决实际问题，另一方面也可以参加相应的评选。尽管我们做研究，倡导远离功利，但目前职称评审、名优教师评选都对教师有这方面的要求。教师做研究，有一定的功利心也是完全可以理解的。从另一个层面来说，自己做的研究，接受专家层面检验，如能获奖，尤其是高层次的奖项，也是对自己的研究的一种肯定。让教师有获得感，也是激发教师亲近研究的有效路径。事实上，教师的研究成果有多样化的呈现路径，参加课题评选，相关的论文也可以参加教研论文评选，还可以投稿。这些都可以让教师在研究中有获得感。

二、有长期关注的话题

如果真正让研究变为教师的生活方式，除了做些短平快的实用性研究外，最好还要有自己长期关注的话题。否则的话，有些教师职称评好后，就会与研究分道扬镳。现实中，有些教师评上高级职称后，十多年不再写一篇教育教学文章的现象也并不鲜见。

笔者有几个自己长期关注的领域。笔者 2001 年参加工作的时候，发现媒体有片面夸大学生心理问题的现象，于是一方面搜集相关资料，一方面主动向专家请教，对这个现象有了更深刻的感悟，并于 2006 年在全国核心期刊上发表了相关论文。2013 年，笔者还在《中国教育报》发表了《莫做夸大学生心理问题的“推手”》一文。

2008 年笔者担任学校的教师读书社社长以来，一直把教师阅读作为自己的关注项目。起初，笔者只是用研究的方式来有效推动教师阅读。事实上这一点做得很好，学校推动教师阅读的经验被《中国教育报》等多家媒体刊登，学校推动教师阅读的做法也成为宁波市十佳校园阅读推广案例，教师读书社也成为区级的工人先锋号和最佳教工社团。在这个过程中，笔者对如何推动教师阅读有了很多的思考，并且做成了课题，先后获得了宁波市中小学继续教育优秀成果奖、宁波市基础教育优秀成果奖、宁波市优秀教科研成果奖。笔者还以教师阅读文化方面的论文获得教育硕士学位。在这个过程中，笔者个人也获得了《浙江教育报》年度书香人物、《中国教师报》全国十大“爱读人物”，并因此获评2015年浙江教育年度十大影响力人物，《中国教育报》2020年度“推动读书十大人物”。

三、注重日常的积累

事实上，一个阅读视野狭窄或者根本不阅读的教师，是没有能力做教科研的。教师要做好研究，的确在很大程度上依赖于平时持之以恒的阅读。

教师的阅读要助力研究，这就涉及知识管理。在今天这个移动互联时代，我们可以借助印象笔记这样的App软件，让自己在教育科研方面的知识管理进入“云时代”，让研究资源可以随身携带。

碎片化的信息无处不在，获得门槛非常低，但只收集不整理，就是囤积狂，只不过是把信息从网络上搬运到自己的硬盘里而已。知识不管理，不能用于完善自己的知识结构，囤得再多都不是自己的。

比如，印象笔记就是一个很好的教育科研知识管理工具，笔者用它把一些碎片化的信息都整合起来。教育媒体和教育行政部门的微信公众号是很好的研究资料来源。微信上的信息可以一键分享到印象笔记上，这样就转化为长久性的资料了。《中国教育报》等电子报上的资料，期刊网上下载的文件，都可以通过印象笔记纳入自己的科研资料库中，有空可做进一步的梳理。

印象笔记在手机、平板和电脑上使用，可以实现不同设备间的资料同步，为自己提供触手可及的移动科研资料库。如果我们有了专业阅读的积累，看到相关问题，就会引发自己的思考，激发研究的灵感。

对于教师的研究来说，经常关注一下期刊网也是很有必要的。笔者看到自己感兴趣的话题，就会去查一下期刊网，看看是否有相关的文章发表。目前，中国国家数字图书馆向全国读者开放了实名注册服务，只要实名注册后就可以免费在中国国家数字图书馆网站下载期刊网上的文章，这对于教师的研究是非常有帮助的。

在这个过程中，教师如何进行移动知识管理，也成为笔者的一项小研究，并在《中小学管理》发表了《个人移动知识管理：助云时代教师“自成长”》一文。这篇文章发表后，第二个月就被《福建教育》转载。后来，《福建教育》策划移动学习的专题，还约笔者写了篇《打造随身“资料库”：让知识触手可及》的文章。这篇文章发表后，又被另外一家刊物全文转载。

在从教十年后，我出版了自己的第一本著作《从新手到研究型教师——我的专业成长手记》，五年之后，这本书修订再版。其间，笔者还出版了《教师阅读力》和《教师成长力修炼》，这两本书也是把工作当研究做，在研究的状态下的成果副产品。

教师成长不妨多一点思考

成长应成为教师的一种生命自觉。在成长中，自己有什么样的追求？如何为自己的成长积累资源？如何加强自我的职业认同？自己该追求什么样的教育教学质量？线上教学能力如何提升？

教师应在不断地思考和追问中，明晰自己的成长方向，并落实到日常的行动中，做自我精进的现代教师。

你想过自己是否是合格教师吗？

做一名优秀的教师是许多教师的理想，体现了一种正能量的职业追求。然而，优秀还是不优秀由谁说了算？在现实中，口碑的优秀是不算数的，似乎只有权威机构的评价才被认可。

《教师博览》曾刊发过《让学生仇恨的优秀教师》一文，读来发人深省。文中的那位一心扑在工作上的全国优秀教师，病死后，班上居然没有一位学生伤心。学生说起这位教师时，仿佛在说一个毫不相干的陌生人。从中可以看出，我们很多的优秀教师都是评出来的，未必真正受学生喜爱，甚至未必被学生真正看得起。

2016 年，笔者认真阅读了钟启泉的《读懂课堂》、魏勇的《怎么上课，学生才喜欢》、吴非的《课堂上究竟发生了什么》，这些书是关于教师如何做好自己的著作。在成为优秀教师之前，首先要有基本的职业素养。从这个意义上来说，做一名合格教师，其标准也不是一成不变的。

做一名合格教师，貌似降低了教师的格调。朱永新教授提到教师职业大致有四种境界：让学生瞧得起、让自己心安、让学校骄傲、让历史铭记。要达到“让学生瞧得起”这个最基本的要求，事实上也并不容易。

2012 年起，教育部出台了中学、中职、小学、幼儿园四个教师专业标准，中国网曾以“新标准下多数教师不合格”为议题进行过报道。这个论调曾引发了很多中小学教师的反感。领衔起草教师专业标准的华东师范大学教授钟启泉还专门强调，“绝大多数教师都不合格”并不是说绝大多数的教师要遭到淘汰，而是希望教师们进一步加强学习。

随着时代的发展，对合格教师的要求也是动态发展的，昨天的旧船票是登不上今天的客船的。从教师自身来说，应适度拔高“合格”的要求，才能更好地应对时代发展的挑战。让自己学会与时俱进是教师的一项基本修炼。教师自身的学养要不断提高，在课堂上要能及时应对各种生成的问题，这样才能赢得学生的尊重。

教师需要认清自己的核心竞争力在哪里。如果教师仅仅把自己定位为知识的传授者，那么在今天这样一个移动互联网时代，任何一个人的知识容量是比不过服务器的。机器人已经能够替代人的很多工作，教师需要在机器无法替代的地方发力。

从 2015 年开始，教师资格考试实行全国统一考试，师范专业毕业生也不再享受直接认定教师资格的待遇，教师入职的门槛提高了。不过，2020 年，国务院对教师资格认定又有了新的规定，办学质量通过审核的教师教育院校的毕业生可以免试认定教师资格。

那么已经拿到了教师资格证，走上了教育教学岗位，还需要学做教师吗？于漪老师有一句名言，一辈子做教师，一辈子学做教师。在今天这样一个终身学习的社会，教师面临着要一辈子学做教师的挑战，值得每一个躬耕其中者警醒。

无论是在网络还是在现实中，我们经常会听到有教师抱怨。抱怨是在传递负能量，也是教师缺乏职业认同的一种表现。教师只有对自身职业的性质、承担的责任和可能面临的挑战有清醒的认识，并树立起积极应对的心态，才能更好地享受职业幸福。

今天的教师提升教育观念尤其重要。教师要把写在纸上的正确教育观念真正内化于心，变成自己的教育观念，并外化于行，更好地指导自身的教育实践。而不是相反，不少教师拒绝教育理论的学习，也缺乏对教育教学经验的提炼。这是很难适应未来社会对教师的要求的。

《中国教育报》公众号曾推送过教育技术专家、上海师范大学教授黎加厚的文章《移动互联时代，教师需要掌握哪些新能力》。黎加厚在该文中指出，为什么大多数中小学禁止学生带手机、电脑等设备到学校，尤其是不能带进课堂？最关键的是教师没有准备好，还不能够适应如何在互联网时代教书育人。正如黎加厚所言，大多数教师都有手机，但手机仅仅是用来打电话、看微信、收发短信，没有想到利用手机 App 资源开展教学。

今天的学生，可以称得上是数字时代的原住民，当教师在技术的使用上呈现出菜鸟样，是很难赢得学生的尊重的。一旦课堂进一步实现技术化，很多教师并不具备必备功夫。有鉴于此，如何自觉地拥抱新技术，用技术服务教学，是教师亟待思考的课题。

2020 年，突如其来的新冠疫情让线上教学成为刚需。尽管很多教师调侃自己成了十八线的主播，但不少教师因缺少相应的教育技术能力而手忙脚乱。面对线上线下混合式教学的新情况，在线教学能力成为今后教师的必备技能。从某种意义上来说，如果不能胜任线上教学的教师，在新的条件下就成了不合格的教师。甚至有人提出了双师课堂的概念，缺少信息技术加持的教师，可能成为助教。

可以说，时代对教师的发展提出了新的要求。当然，教师除了要提升教育理论素养、提升教育技术水平外，还需要在提高育人能力上下功夫。“学生越来越难教”，说明面对今天的学生，教师的老方法、老经验可能就不好使了，需要探索一种新的方式。如果教师不改变自己，自然会感觉教师越来越难当。

如果每一位教师都能扪心自问，自己是不是合格的教师？且在这样的自我追问之下，有则改之无则加勉，那么，他们一定能走向优秀。

教师既要安心乐教，又要专业立身

2018 年 3 月，笔者在参加浙江省教育宣传暨教育政务新媒体建设工作会议时，听了《光明日报》浙江记者站站长严红枫介绍挖掘典型人物的经验报道。他在介绍麻风村的年轻医疗团队时，提到了一个细节，说他在夜宿麻风村深入采访时，半夜发现这里的值班医生在网上和英国麻风救济会专家、国际抗麻风技术委员会主席交流。一个偏僻山沟沟里的医生，居然能和世界顶尖的学术权威对话，这让他深感意外。于是，他说了句“只有偏僻的山坳，没有偏僻的人生”。这句话给我留下了深刻的印象。

会议结束后，笔者在网上找到了《光明日报》上刊发的《山坳人生照样出彩——记“中国麻风第一村”里的年轻医疗团队》，认真学习了一下。严红枫提到的这位与国际抗麻风技术委员会主席交流的医生，目前已是中国麻风病治疗领域的年轻学术权威，在世界范围内也有一定影响力。正如记者在报道中所言，山坳里的人生照样出彩！境遇良好的人们，请深思。

无独有偶，在当天的会议上表彰的2017年浙江教育年度十大影响力人物中，有一位来自偏远山区的“90后”班主任。这位年轻的班主任在长三角班主任基本功比赛中获得一等奖，此前在全省的班主任基本功比赛中获得一等奖和班主任论文评比一等奖。而在她工作的6年时间里，所担任的班级总共只有6名学生。可以说，与其他学校相比，在专业成长上她存在着很多的先天不足。但她却用自己的实力，证明了即便条件受限自己也能在专业成长中做得非常出色。而且，她认为参加比赛，提高专业水平，是为了更好地当好班主任。

无论是麻风病村的医生还是“90后”的优秀班主任，他们共同的特点是，既能安心在条件不好的偏远地方工作，又不受制于不利的环境因素努力做到专业立身。把这两点结合起来，既难能可贵，又给更多的人以成长的启发。

一般情况下，在宣传偏远山区和农村的优秀教师时，往往突出他们的奉献精神，很少提及他们的专业水平。于是，苦与累、牺牲与奉献便成了宣传这些优秀教师的主基调。我觉得，这次获奖的“90后”优秀班主任，用自己的实际行动证明了偏远山区的教师既能做到甘于奉献，又能在业务上精进，为学生提供优质的专业服务。这位班主任获奖，是一个很好的导向。

在推进教育公平的进程中，教师是非常关键的力量。现在，很多地方的农村学校硬件水平越来越高，有的地区已经跟城区学校基本没有差异了。但是还有不少地方，农村学校的师资建设却成为短板。因此，现在教育行政部门推出的教师交流制度就是努力弥补短板的具体举措。事实上，让农村教师群体得到进一步的发展，这才是最理想的农村教师发展路径。

网络时代，在学习资源的获得上，城乡的差距越来越小。以前，县级新华书店很难买到教育类的著作，因此小地方的老师要买到好的教育著作并不容易。那些成长愿望强的农村教师，想要买到好书真的是颇费周折。但是，现在网购的便利可以让农村教师第一时间购得最新出版的教育类著作。如果农村教师无缘外出学习交流，很多直播也可以在很大程度上弥补这一缺憾。

比如，很多教师手头并没有《中国教育报》。但是，《中国教育报》的电子报只要上网就能看。只要你想看，包括《中国教育报》在内的很多教育类报纸的电子版都能很轻松地在网上查阅。

同样，很多教师手头不可能有太多的教育专业期刊。但现在很多的专业期刊都建有微信公众号，会推送很多有价值的文章。比如，《中国教育学刊》《中国德育》的微信公众号经常会推送刊物上发表过的相关文章。这些文章，不仅可以用来学习，积累下来也是很好的研究参考资料。而获得这样的资料，利用手机也就是分分钟的事。如果你愿意再花点时间把积累下来的资料分类整理，这样日积月累，必然会有更大的收获。

为了鼓励教师能在农村安心乐教，教育行政部门和其他相关部门也出台了一定的优惠措施，比如在职称评聘上给予一定的倾斜，适度降低标准。宁波市 2020 年中小学职称评审中明确指出，在乡村学校任教 5 年及以上的乡村教师，对课题和发表论文原则上不做刚性要求。当然，这对农村学校的教师是非常好的福利。不过，农村教师也不能心安理得地来降低对自己专业水平的要求，认为只要自己在农村学校多待几年，不写论文，不参与课题研究同样有资格参评高级职称。

有这么一句话，这个时代要抛弃你，连个招呼都不会跟你打。这句话很值得我们教师警醒。农村教师不能因为能适当享受倾斜的政策，而在专业成长方面降低标准。不然的话，在公众的视野中，农村学校的高级教师和城区学校的高级教师就有了区别，这也是对农村教师的一种不尊重。如果农村教师在专业成长方面也对自己有较高的要求，这样农村教师轮岗到城镇学校，同样能坦然应对。

当今这个移动互联网时代，对于教师而言，无论你身处何方，都应该做到安心乐教和专业立身的结合。这样，无论对自己，还是对学生，都是最好的交代。

每位教师都应有成为“好老师”的追求

2019 年 10 月，《浙江教育报》“前沿观察”栏目所做的“促进县域义务教育优质均衡发展”系列报道中，第三期关注的主题是“优化师资队伍　提升教师水平”。有一篇题为《身边有好教师，离我们有多远?》的这篇文章，读来发人深省。

在促进县域义务教育优质均衡发展中，教师是非常关键的因素。《身边有好教师，离我们有多远?》一文中提到，“我孩子的教师是否优秀”是家长最为关心的，“身边有好教师”不仅让家长和学生有教育获得感，也是提高群众教育满意度的途径。让每一所学校都有优秀教师，让每一个孩子都能接受好教师的教育，有人说“在现阶段，这几乎是一个不可能完成的任务”，因为“好教师”是动态的标准，“优秀教师”总是在比较中产生的。

如果说“好教师”是在比较中产生的，“好教师”的标准总是水涨船高的话，那么“好教师”总是稀缺的。但是，努力成为

“好教师”应该是每一位教师的自觉追求。

习近平总书记说过：“一个人遇到好老师是人生的幸运，一个学校拥有好老师是学校的光荣，一个民族源源不断涌现出一批又一批好老师则是民族的希望。”

究竟什么样的老师称得上是好老师？总书记提出的“有理想信念、有道德情操、有扎实学识、有仁爱之心”的“四有好老师”，就是每一位教师应该奋斗的方向。其实，这“四有”的要求，要真正做到并不容易，但每一位教师都可以心向往之并奋斗之。

《中国教育报》曾刊发过一篇题为《今天，我们向斯霞老师学什么》的文章。这篇文章中提到，斯霞老师的跨世纪影响，不单因其语文教学，更在于她“童心母爱”的教育品格。斯霞老师的“母爱”，本质上是一种有原则、有智慧的专业之爱。可见，教师仅仅有爱是不够的，还应该让自己的爱有原则、有智慧，并且能让学生和家长感受到。

现实中，拥有各级名优教师的数量，是师资队伍建设成效的一个标准。为此，不少教师获得了上级部门授予的“帽子”，比如学科带头人、名教师等。能获得帽子，固然是教师专业水平得到认可的一种表现，但是，要真正成为“好老师”，仅仅在专业水平上有几把刷子还是不够的。教师的业绩，主要体现在学生的成长上，包括学生的学业成绩和其他诸方面的发展。可以说，教师自身的成长，是为了更好地促进学生的成长。也可以说，一个“好老师”自身水平再高，也要心系课堂，守望学生成长，否则就失去了“好老师”的真正意义。

但是，有些教师成名后，学校的讲台不常见影，外面的“舞台”却频频露脸。这样的教师，虽然被加持各种头衔，但不把心放在学生身上，不会成为学生和家长心目中的“好老师”。

现在，各级教育行政部门正在通过各种途径，比如县管校聘、骨干校长和骨干教师交流、城乡结对等多种方式，促进区域内的师资均衡。对教育行政部门的教师而言，要办好每一所学校，在这个过程中，教师不能成为看客，同样应该有自己的责任和担当。对于每位教师而言，让自己变得更优秀，让自己能成为学生和家长心目中的“好老师”，应该成为一种自觉追求。

当前，各级教育行政部门和教育业务部门都非常注重教师的培训，既有各类骨干培训，也有面向全体教师的全员培训。在教师群体中，除了需要能在各种业务竞赛中获胜的“百灵鸟”，更需要用心陪伴学生成长的“老母鸡”。“百灵鸟”纵然光鲜亮丽，但即便成了“百灵鸟”，也要像“老母鸡”一样能守望学生成长，否则也称不上是“好老师”。

几年前，曾经有一位知名作家结合自己孩子多年转学的经历，发出“好老师”是可遇不可求的感叹，认为碰到“好老师”是小概率事件，《人民教育》杂志曾刊发过相关的文章。要让碰到“好老师”不成为小概率事件，需要每一位教师把自己修炼成为“好老师”。或许，这位作家可能对“好老师”的标准有点苛求，但对教育行政部门和教师而言同样具有警醒意义。

比如，现在有不少教育行政部门都在大力宣传自身在教师队伍建设上的成效。不过，从家长和社会公众对教育的需求来看，教育部门的自我好评和相关群体的急切期盼之间还是有一定的距离的。

现在，教育行政部门大力倡导办好家门口的每一所学校，让广大人民群众的子女享受家门口的优质教育。事实上，办好每一所学校的关键在于更多的优秀教育管理者和更多的优秀教师。而教师更是直接面对学生和家长的“前锋”，很多家长对学校的整体评价也是通过其所接触和观察的教师而做出的。因此，每一位教师都应该珍惜自己的羽毛，提高对标意识，在专业发展上要有更高的追求，让专业发展来更好地反哺自己的教育教学工作。同时，教师要主动加强和家长的交流和沟通，和家长更好地成为促进孩子成长的同盟军。

自从全国教育大会和各地教育大会陆续召开之后，各级党委和政府都在努力提高中小学教师的社会地位和经济待遇。当然，权利和义务是对等的，这对教师的素质也提出了更高的要求。

当更多的教师在学生和家长心目中有好口碑时，公众对教育的满意度也会进一步提高。成为“好老师”，应成为每位教师的自觉追求。

上“裸课”是教师的硬功夫

2016 年 9 月，笔者在整理资料时看到一篇题为《“裸课”教研活动与教师专业成长》的文章，在特意看了一下这篇文章的发表日期后，发现这篇文章发表在《浙江教学研究》2012 年第 4 期。原来，“裸课”也不是什么新鲜事物呀！“裸课”一下子成为热词是在 2016 年 3 月，这主要源于网红教师张祖庆的一篇《老师，你敢上“裸课”吗》的文章在微信上广为传播。这篇文章也引发了很多人对“中国式”赛课的声讨。

于是，笔者继续到期刊网上去查询关于“裸课”的文章，发现 2010 年就有相关的文章发表，近几年发表的相关文章中涉及好几个学科。关于“裸课”，并没有统一的认定标准。从目前发表的文章以及网上的相关讨论来看，“裸课”主要涉及两个层面：一是不经试教的公开课；二是不用多媒体课件的课。

课堂教学是教师的看家本领，如何来正确看待“裸课”，值得每一位教师思考。

2015 年 3 月，笔者当时所在的仁爱中学组织教师参加浙江省 2015 年优秀教育教学论文的评选。区历史与社会学科带头人鲍振葵老师写了一篇关于“裸课”的文章。他结合初中历史与社会课的教学，就课堂教学中过多使用多媒体的现象进行了思考。笔者当时觉得这篇文章选题非常好，就把这篇文章的标题改为《多媒体盛宴下应有“裸课”的一席之地》。后来，区教研室在该校安排了一次区级的教研活动，由两位区学科带头人上展示课，其中一位用多媒体辅助教学的方式，而鲍老师则不借助多媒体直接上课。我也去听了那堂课。在那堂课上，不借助多媒体，直接用手在黑板上画出标准的地图，引起听课老师的连连叫好。有些老师还现场拍了一段视频，发送在朋友圈里。在课后，鲍老师还做了相关的讲座。几个月后，笔者应邀担任区级课题评选的评委，发现有一所学校的老师也在关注“裸课”，仔细一看，发现这个老师就听过鲍老师的课，非常佩服鲍老师的水平，也觉得今后需要在这个方面加强自己的修养。

与“裸课”相对应的是“磨课”。或许，我们在很多公开课现场或优质课比赛中听到的课是磨了无数遍的非常态“装潢课”。

客观地说，“磨课”作为一种促进教师专业成长的研训方式，对年轻教师的成长是很重要的。另外，我们对张祖庆老师所说的公开课只上“裸课”也要一分为二地看。作为资深教师，他自身的教学水平和课堂驾驭能力是他在公开课中上“裸课”的底气。但是，对于很多年轻教师来说，如果没有经过试讲，没有经过校内同行的指点，在公开课上直接上“裸课”并不妥当。因为对于年轻教师来说，公开课的质量会影响到相关领导和同行对自己的评价。

不过，教师发展到一定程度，真的有必要上不经试教的公开课。或许这样的课未必完美，但教师的课堂教学艺术正是在这样的不完美中提高的。

不经试教的公开课和不用多媒体课件的课，这两种类型的课都对教师的素养提出了更高的要求。

《中国教育报》曾刊登过《可怕的“备课靠百度”》，离开了网络，有些教师就不会上课了。现在，通过各类资源网站，教师可以下载各类课件，有些教师就学会了走捷径，稍微修改一下课件就去上课了。多媒体课件本来是辅助教学的工具，是教师根据课堂需要去制作的，现在却本末倒置，这是很值得我们思考的。

现在，各类公开课或展示课上，教师的课件往往是特别精美，有的是计算机老师一起帮忙制作的，有的是教研组内的同事协作完成的，而平时的课堂教学所用的课件则是实用为主，并不会花很多时间去制作。因此，有些公开课上的“美景”，在很多常态课中是看不到的。

正如学生把每一次平时的考试都当作重大考试来对待，这样在面临重大考试的时候也不会犯怵。教师在日常上课的时候，应有把每一堂课都当作公开课的自觉追求。现在，有些学校倡导教师开设常态公开课，这对教师打开自己的课堂，提高自己的课堂教学能力是很有帮助的。

对于教师而言，要切实提高自身的课堂教学能力，关键在于树立终身备课的意识。比如建立自己的工具箱，每上一次课，都能留下自己的思考，都能积累关于某课教学的资料。这样，教师对教学的理解能更加深入，就具体上某一堂课也能游刃有余。同时，教师需在课堂调控能力上下功夫，提高处理现场生成问题的能力。

回到教师上“裸课”这个话题，上“裸课”本身不是目的，这只是教师过硬教学能力的一种体现。教师上“裸课”，是要保证课堂教学质量的，而不是不负责任地胡乱上课。比如按照教材的内容，有些课不用多媒体反而效果更好，这样教师不妨上上不用多媒体课件的“裸课”。当然，教师要提高课堂教学质量，并不排斥磨课和用多媒体课件来辅助教学。上“裸课”是教师的一项硬功夫，该出手时就要出手，其实这就是教师的一项重要修炼。

或许，教师上“裸课”的最高境界就是苏霍姆林斯基在《给教师的建议》一书中提到的那位历史教师，坚持终身备课，对某一堂课的直接准备时间仅为 15 分钟却上得出神入化。可见，教师要上好“裸课”并不容易，需要终身修炼，才能练就这一硬功夫呀！

教师要善于积累成长资源

2017 年的热播剧《人民的名义》中有一个热词“政治资源”，剧中有两个缺乏“政治资源”的人物——孙连城和易学习，两个人的共同点是职务多年原地踏步，但工作表现和状态迥然不同。按日本经营大师稻盛和夫在《干法》一书中的说法，孙连城是属于不燃型的人，而易学习是属于自燃型的人。自燃型的人在每一个岗位上都会大有作为。

在教育领域，“教而优则仕”尽管是一些优秀教师教育生涯的一种发展方向，但魏书生曾说过一句话，大意是 90% 以上的教师成不了校长。因此，走专业成长的道路，应该是大多数教师的职场目标。

无论是走管理之路还是走专业成长之路，教师很多时候并不能如愿。这是因为管理岗位和名优称号都是呈金字塔式分布的，职位和荣誉都是有限额的，是稀缺资源，提升主动权并不在自己这里。

能在“名利”二字上获得“成长”的教师毕竟是少数。教师出现职业倦怠的现象较为普遍。尤其是上了一定年纪之后，既不想成为学校管理者，也无意在专业发展上有什么追求，就有可能成为“孙连城”式的教师。

但从教师的职业性质来说，在专业上的修炼是无止境的，是别人所不能限制的。换句话说，没有人能阻止你的成长。与某些以追求职务晋升为主要目标的职业相比，教师职业自我追求的空间大多了。在当下这个移动互联网时代，与“政治资源”的神秘莫测相比，教师的成长资源则是无处不在，并且相对容易获得。

教师的成长资源可以由学校和教育行政部门提供，但更重要的是自己积累。

尽管很多地方已经实行了教师全员聘任制，名义上教师岗位不再是铁饭碗了。但与其他很多职业相比，教书这一行还算是比较稳定的，教师们也没有多少危机感。

2017 年上半年，华为公司的“中年危机”现象引发了广泛关注。《宁波晚报》2017 年 4 月 20 日刊发了报道《中年“离职”或“被离职”是“危”还是“机”?》，提出职场人提早进行职业规划、提升持续学习能力很重要。

教育部取消教师资格终身制，五年一周期的教师资格注册也已正式启动，今后会逐步建立教师退出机制。很多媒体报道显示，各地教师进编考试竞争非常激烈——现在想要当个教师并不容易。虽然对工作有诸多怨言，但大多数教师还是不愿意离开教师岗位的。

因此，对于在职教师而言，还是应该好好进行一番职业规划，进一步提升自己的持续学习能力——成长应成为教师的常态。

一、唤醒自己的成长意识

自己没有念头，谁也无法叫醒那个装睡的人——教师的自我唤醒更为重要。家长对孩子接受优质教育的呼声越来越强烈，有一种“让学生碰到好教师不成为小概率事件”的趋势，因此教师的自我成长也符合老百姓的需求。

教育行政部门和教育业务部门已经认识到了这一点，除了培养一批各学科的领军人物外，提高全体教师素质的全员性培训也被提上了议事日程。

但对每一位教师而言，成长属于重要但不紧急的事情。如果教师没把成长放到应有的位置，其实就是一种“装睡”，不唤醒自己的成长意识，就等于蹉跎自己的岁月。由于自己一人的不作为，也会错过教师群体的成长机遇。

二、积累自身的成长资源

有些教师是比较幸运的，他们入选了“名师培养对象”，会有以组织名义安排的导师，会频繁参与各类高级别研讨会，有了一些别人可望而不可即的成长资源。但对于大多数没有好机会的教师而言，成长的通道并没有就此关闭。在移动互联网时代，很多的成长资源大家的获得机会是均等的，比如多读一些好书，多参加网上的研讨群等。但获得这样的成长资源，关键在于自己是否有这样的意识和行动。

在过去资源贫瘠的年代，很多县级及以下的新华书店很少有新书，一线教师一书难求。而网络的普及让多读书、读好书不再成为教师的奢望；大量的网络直播课，更是让学习成为零门槛和低门槛的事情。

又如，学生的特点变得更加多样，如果教师舍得付出心血，有意识地去关注不同类型的学生，关注一些特殊学生，就能积累大量的真实案例，育人能力就会在实践中得到显著提高。

三、开展持续的成长行动

研究可以把阅读、实践、思考有机地整合起来。积极开展行动研究，可以让教师过不重复的教育生活，在研究中破解困惑，提高工作效能感，更好地服务学生的成长。

2017 年 4 月，笔者参加了上海市闵行区和宁波市镇海区“新基础教育”研究的校长互动交流会。当时，在“新基础教育”研究上已经探索了 18 年的闵行区实验小学校长何雪峰认为，参与“新基础教育”研究的教师在研究中不时地遇到新问题，解决新问题，因此减少了职业倦怠问题。他们在研究中不断发展着自己。

事实上，教师只要处于成长的状态中，不功利的目标往往会带来水到渠成的结果。为让学生能遇见更好的教师，为让自己享受职业幸福，远离职业倦怠，做一名成长型教师理应成为当下教师的自觉追求。

“自培训”也是教师成长捷径

2016 年 6 月，《中国教育报》曾刊登过《他们眼里为何只有名优教师》一文。该文中提到，有些教师因为没能入选教育行政部门组织的名优教师培训工程，非常失落。对于文章所揭示的现象，我深有感触。应该说，实施名师培养工程在许多地方是一种常态。不过，各地的做法不同，有的是采用评选考核的方式直接认定，有的是通过采用高端培训的方式为本区域的教师参评上各级的名优教师提供便利。而且，现在各地为了激发教师的专业成长热情，对具有各类名优教师称号的教师给予相关补贴，有些补贴金额还非常可观。

客观地说，各类名师指标有限，想成为名师的教师又太多，此种矛盾可能让一些追求上进的教师心灰意冷。可见，对于教师而言，如何看待这一矛盾，就很值得深思。

名师能否打造，一直是有争议的话题。但就促进教师成长的因素而言，外部力量和内部力量并不是截然对立的，两者可以相互促进。对于教育行政部门和学校来说，为教师成长搭建平台，对点燃教师内心的成长愿望作用很大。反之，对于有心成长的教师而言，借助外力助推的优势，的确能加快自身成长的步伐。

在名师队伍建设上，教育行政部门所发挥的作用，也是他们有所作为的地方。在这个问题上，原国家督学成尚荣先生的观点非常客观，可以带给我们很多的启示。

成尚荣先生在《名师基质》一书中指出，关于名师培养，见诸会议、文件和报刊，使用频率最高的词是“打造”。“打造名师”表达了教育领导和管理部门对名师成长的一种急切心情，这种急切心情正是教育使命感和领导责任感的表现，是可贵的。

成尚荣先生认为，如果站在管理者的角度，把“打造”当作有目的、有计划地采取各种得力有效的措施的过程，对教师成长规定要求、提供条件、创设机制、搭建平台，这样的“打造名师”不是不可以，甚至无可非议。

正如成尚荣先生所言，在名师队伍建设上，教育行政部门“打造名师”是积极有为的表现。但是，这对教师的成长只是创造了良好的外部条件，如果教师不发挥内部成长的力量，教育行政部门的“打造”是发挥不了多大的作用的。如果教育行政部门认为“名师”就是靠打造出来的，这样的说法也有失偏颇，因为忽视了优秀教师的自我努力。应该说，对于有成长愿望的教师而言，如能搭上教育行政部门提供的“快车”，自然是很幸运的事。

在名师培养上，教育行政部门的主要任务就是搭台，能否唱好戏就跟教师自身的修为有很大的关系了。毕竟，外因要通过内因起作用，最终起决定性作用的还是内因。

不过，教育行政部门提供的各类培训机会，尤其是高端培训机会毕竟有限，如“国培”计划固然好，但落实到具体的县（市、区），名额就很少了。笔者本人也曾参加过一次在西南大学举行的学科方面的“国培”，笔者记得全省就没几个人，宁波市就笔者一人。

尽管外部力量提供的优质培养机会有限，但这并不意味着很多教师成长的大门就此关闭，因为教师自己可以培训自己，还可以借助内在力量实现自我的成长，让自己也具有名师的基质。尽管不一定有官方授予的名师头衔，但可以在业务水平上不逊于这些名师。尤其是在移动互联网时代的背景下，自培训变得更加“触手可及”。

《人民日报》曾刊发过《学会“重用”自己》一文，在社会上引起了较大的反响。这篇文章中就提到，“被人重用”有局限，自己重用自己则“上不封顶”，越是善于重用自己，人生越出彩，这对教师的成长也有很大的启发——组织没给自己培养机会时，我们不妨自己培养自己。

2020年新冠肺炎疫情期间，网上有很多的免费培训，而且很多也都是比较高端的。那么，参加这样的培训，不需要什么门槛，只要自己肯花时间，肯投入精力就行。如果对于一些优质的线上培训，教师自己肯付费则会更有收获。

“自培训”在教师的自我成长中很重要，也算是教师自我救济的一种方式。当然，教育行政部门和学校提供的各类培训，教师还是需要抓住机会参加的。一个善于借力的教师，才能更好地行走在成长的路上。

在当下的教育大环境中，教师追求各种名优教师称号，也是自身专业成长的有效方式。现实中，不少优秀教师就是在参加各类专业比赛和参评各类名优教师的过程中成长起来的。对于教师而言，成为各类名优教师也是扩大自身教育影响力的有效途径。需要明白的是，名优教师的头衔仅仅是一种称号，教师的成长没有期限和止境。

我们的教育既需要百灵鸟，也需要老母鸡。也许很多教师没有机会成为百灵鸟，但依然可以成为优秀的老母鸡。正是因为当下名师评选存在一定不足，于是有人提出不做“名师”做“明师”，即明明白白当老师，教学生明白事理。当然，名师也可以成为明师，明师的要求会更高。人人可以在终身修炼中走向澄明之境。对于一个渴望快速成长的教师而言，当组织培养的大门暂时没有开启时，请不要忘记，自己培养自己的大门永远是敞开的。而且，教师在专业成长方面的自我精进，别人是无法阻止的。

重振师道尊严不能寄希望于惩戒权

2018 年 4 月初，四川省达州市一小学把戒尺请进学校，在每一个教室都摆放了一把戒尺。这样做的初衷，是通过请戒尺进教室，更好地约束学生的行为，让学生更尊重教师，进一步营造尊师重教的氛围。这一做法经媒体报道后，引发了社会各界热议。

戒尺是用来处罚犯错的学生的，教师手持戒尺，是有惩戒权的具体体现。但是，把重振师道尊严的希望寄托在“惩戒权”上面，正如美丽的肥皂泡一样，是中看不中用的。

客观地说，近年来有关师道尊严不复存在的话题，引发了越来越多的关注。各类耻师、辱师事件也经常见诸报端。现实中，由于过度强调对未成年人的权益保护，而约束他们行为的机制又没有有效建立，相关规定又禁止教师体罚或变相体罚学生。这样，学生知道教师对他们是无可奈何的，有的熊学生在教师面前就有恃无恐了。另外，有些教师在处理师生关系上的做法不科学，不理性，也容易导致师生冲突。

中国教育报刊社教育舆情中心负责人张以谨撰文指出，在与“师道尊严”相关的争议中，一个重要的议题就是教师是否应该拥有惩戒权。在很多教师看来，现在“管”学生是个风险极大的事情，弄不好就会惹来家长抗议和舆论声讨，甚至引发“校闹”，让为师者尊严无存。因此，要通过法律和规章，明确教师具有惩戒学生的权利。

2017 年 2 月，青岛市出台了地方性规章《青岛市中小学校管理办法》，该办法规定，中小学校对影响教育教学秩序的学生，应当进行批评教育或者适当惩戒。这项规定，被媒体解读为国内首次立法规定教师可惩戒学生。但是青岛市赋予教师惩戒权，并没有出台相应细节，使得这个惩戒权口惠而实不至。

2017 年 10 月，党的十九大报告中明确提出倡导全社会尊师重教。2018 年全国两会期间，教育部部长陈宝生在部长通道接受记者采访时，明确提出要重振师道尊严。

北京师范大学石中英教授在《师道尊严的历史本意与时代意义》一文中指出，古代的师道尊严和现代的尊师重教，在精神实质上是一脉相承的。但是，在今天重提师道尊严不是搞文化复古、教育复古，而是要结合时代精神，进行创造性的继承和转化。

可见，在新的时代背景下，重振师道尊严是可行的，这对广大教师而言无疑是个福音。但是对教师而言，有惩戒权就能重振师道尊严了吗？

关于教师可不可以有惩戒权，学术界也有争论，但并无定论。

比如，华东师范大学陈桂生教授认为，教师惩戒权是一种教师越权的说辞。也有些学者就中小学教师惩戒权的合理回归、教师惩戒权的缺失及完善等话题进行了探讨。可以说，教师是否应该有惩戒权并没有明确的定论。

有一点需要引起教师们的足够重视，惩戒不同于体罚，是需要合法程序的。体罚指向人，惩戒指向人犯的事，惩戒的目的不在“惩”而在“戒”。

教育部2019年11月22日发布《中小学教师实施教育惩戒规则（征求意见稿）》（以下简称《规则》）面向社会公开征求意见以来，包括《光明日报》《新华每日电讯》《中国青年报》在内的多家权威媒体对此进行了重点关注。教育部这次出台实施规则，对于很多希望自己有惩戒权的教师而言，真的是千呼万唤始出来。这次教育部发布实施规则征求意见稿，则是让教师教育惩戒权真正落地进入了“最后一公里”。

笔者认真阅读了权威媒体上关于教师惩戒规则的讨论，也验证了自己的一个想法，惩戒权不是万能药，更不能滥用，能不用最好。

对于中小学教师而言，对于即将正式到手的惩戒权，没有欢呼雀跃的必要。教师即便有了惩戒权，也不能率性使用。以前很多教师感到很无奈，说现在“打不能打，骂不能骂”，有些调皮捣蛋的孩子真的是管不了。为此，也出现了有些教师对问题学生不管不问的尴尬。也正是因为如此，不少教师对加持惩戒权的呼声非常高。但是，教师即便有了惩戒权，依然是“打打不得，骂也不好骂”，因为打骂难以把握分寸，容易导致体罚和变相体罚，而这恰恰是教师在实施惩戒的时候不能碰的高压线。

即便教师有了惩戒权，也不能率性而为，必须按程序来办事。根据《规则》的规定，在一般惩戒、较重惩戒、严重惩戒三个类别的惩戒中，教师直接能用的就是一般惩戒中规定的方式；较重惩戒中规定的方式，教师要经学校德育工作负责人同意才能实施，并要通知家长；而严重惩戒中规定的方式，则是由教师提请学校来实施的。可以说，教育惩戒权是一个系统工程，教师个体所能直接实施的惩戒方式是有限的，是不能率性使用的。

可见，对于教育惩戒权，教师不妨用一颗平常心去看待，拥有了教育惩戒权，并不意味着教师的教育教学工作可以一帆风顺。如果教师能不断提高自己的教育教学水平，让学生喜欢上自己的课堂，让学生看见自己的爱，师生之间建立了和谐的关系，那么，教师也无须用惩戒权来为自己“壮胆”了。

教育惩戒权，是教师履职的必要手段和法定职权，但也不是万能的“灵丹妙药”，而且有明确的边界。套用一句广告语：“教育惩戒权虽好，但也不能滥用!”

“自己凭借什么赢得社会的尊重?”这是教师自身应该思考的一个问题。只有具备高尚师德、优良业务水平的教师，才能得到应有的尊重。全社会尊师重教和教师自身的德能是相互促进的，一方面打铁需自身硬，教师自身要不断强化专业素质和职业道德；另一方面倡导全社会做到尊师重教。党的十九大报告明确提出倡导全社会尊师重教，但前提是要加强师德师风建设，培养高素质教师队伍。

朱永新教授在谈及教师的境界时，认为教师的第一重境界就是要让学生瞧得起。可以说，一个真正让学生佩服的教师，肯定是有着高超的教学水平和关爱学生的心，绝不是靠所谓的惩戒权。当学生真正感受并理解教师的关爱，佩服教师的专业水平时，教师自然就赢得了学生发自内心的尊重。如果达到了这样的境界，教师何必还要号称烫手山芋的惩戒权来壮胆呢？

提升教师的自我职业认同不容忽视

从2019年8月28日起，《浙江教育报》“前沿观察”版面连续用三个整版，分别以《为教师发展营造良好的生态》《如何提升教师的职业自豪感》《破解成长的“烦恼”，成就更好的自己》为题，对如何提高教师待遇、促进教师成长、提升教师职业幸福等方面进行了关注。

近年来，关于教师职业的外部利好消息有很多。比如全国以及各地教育大会的召开，进一步明确了提高教师待遇，实施教师工资联动增长机制，在工资收入增长上和公务员联动增长。又如2019年，《教育部等五部门关于完善安全事故处理机制　维护学校教育教学秩序的意见》，明确了8种“校闹”行为，进一步为学校营造了良好的外部办学环境，让教师为“校闹”所累的烦恼成为历史。为此，很多人表示，更好地营造尊师重教的外部环境，能提高教师的获得感、幸福感，让教师们安心乐教，发挥好教育第一资源的作用。

一个职业有良好的声誉、经济收入、社会地位，自然能吸引更多的人从事这一职业。前不久，很多清华北大的博士、硕士成为深圳中学新教师的新闻引发了社会的广泛关注。清华北大的博士、硕士成为中学教师，这固然跟深圳中学处于经济发达地区，学校是当地的名校有很大关系。不过，还有一个问题值得思考，这些在深圳中学新入职的清华北大的博士、硕士，究竟能在深圳中学干多久？显然，这不仅跟深圳中学给他们提供的发展平台、物质待遇有很大的关系，还跟他们对教师职业的认同感，以及对这一职业的归属感有很大的关系。

不可否认，教师首先是一个安身立命的职业，这一点和其他职业没有什么区别。但由于教师职业有其特殊性，要求从业者有爱心、能奉献、善合作，为此，任何人走上教师岗位之后，就必须遵守教师的职业道德和职业操守，这是最基本的底线要求。客观地说，一些人选择教师职业，并不是内心真正的第一选择，而是一种相对理性的选择。同样，进入深圳中学的清华北大的博士、硕士，选择当中学教师未必是他们最理想的选择，而是一种基于现实的选择。因此，已经正式在职的教师要真正享受职业幸福，必须提高自身对职业的认同感。

2019 年教师节当天，《光明日报》“教育周刊”刊发了一篇题为《提升教师身份认同从哪里入手》的文章。笔者读了之后很受启发，对教师的职业认同有了更客观理性的认识。该文提到，对某种职业的身份认同首先是从职业认知开始，包括对职业属性、职业角色、职业作用、职业功能等方面的认知，在职业认知的基础上再产生和形成职业情感和职业归属。就职业认同主体而言，它可包括职业的自我认同和公共认同两个方面，职业的自我认同属于个体认同，指的是职业主体的自我体认，对于任何一种职业的状态而言都是十分关键的。而职业的公共认同实际上是一种“被认同”，即来自职业主体之外的认同，它通常包括政府认同和社会认同等方面。

现在外界所强调的大力提高教师待遇等问题，是为了提高各界对教师职业的公共认同。毫无疑问，这样的对教师职业的公共认同，能提高教师职业在社会上的影响力和吸引力，也会吸引更多的人从事教师职业。但是，如果教师对职业的自我认同感不强的话，那些在外部职业认同的吸引下加入教师队伍的教师，往往会产生入错行的无奈。

只要你留意，会经常在各种场合听到其他行业的人对教师职业的羡慕，认为现在教师是个好职业。但现实中，教师群体对自己职业不满意、出现职业倦怠现象的也比较多。在很多的以教师群体为主的微信群等社群中，不少教师对自己职业的牢骚和抱怨很多。这也说明，外在的职业公共认同，如果不能转化为教师个体的职业认同的话，那么对于提高教师职业幸福感的意义并不强。

毫无疑问，选择了一种职业就是选择了一种生活方式。已经在职的教师应该对自身的职业属性、职业角色、职业功能等有明确的认识，并对可能面对的挑战有明确的心理准备。在对职业进行正确认知的基础上，进一步加强认同，把自己和教师职业融合起来而不是对立和分裂，这对教师而言是非常重要的。一个对自身职业有着高度认同的教师，自然会把自己的职业生命融合到教师职业应有的追求中，达到“人剑合一”的境界。

在增强教师的职业认同中，很重要的一点就是增强自己的使命意识。这一点也不是教师职业所独有的，很多行业都是如此。比如医生有了悬壶济世的使命意识，就会在业务上不断精进，真诚地对待每一位病患。同样，教师的工作细碎而烦琐，有时候还要受学生的气。但是，教师如果把自己日常的工作上升到为党和国家培育人才，为社会主义现代化强国培养优秀建设者的高度，有了这样的使命意识，自然会在工作上更加尽心尽力。

现在，教师职业的公共认同正在进一步加强，也就是说教师职业面临着更好的发展机遇期。2020 年，国务院也把各地教师工资水平是否达到当地公务员平均水平作为重点督查工作。在这样外部利好的条件下，也需要每一位教师进一步加强职业的自我认同，让职业自我认同激发专业成长内生力，做符合新时代需要的好教师。

教师要努力成为自己学科的代言人

2019年6月24日，《中国青年报》刊发的题为《高数教师也能成“网红”》的文章，生动形象地描述了长沙理工大学谭艳祥老师如何用自己的真情、智慧和生动幽默的语言，把看起来非常高冷的“高等数学”上成了深受学生喜欢的“金牌课”的点点滴滴。可见，一门课能不能得到学生的喜欢，上课的教师是“关键力量”。

自2019年3月习近平总书记在北京主持召开学校思想政治理论课教师座谈会并发表重要讲话以来，很多媒体都在宣传优秀的思政课教师。思政课可以照本宣科，上得索然无味，也可以联系生活，上得精彩纷呈，这关键同样在于上课的教师。

宁波市教育局微信公众号“宁波教育”的“最好听的思政课”专栏也曾以《高中思政课如何引起学生兴趣？这位“85后”教师有自己的一套办法》为题，介绍了镇海中学青年政治教师王雍斌精彩的思政课堂。现在，《中国教育报》也经常报道大学里优秀的思政课老师。

以前笔者在仁爱中学工作的时候，教研活动是分在社政组的。社政组原先有历史和社会、思想品德这两门学科，现在思想品德改为道德与法治了。因为这两门学科在中考的时候是合在一起的，而且分值也不高。尽管是中考科目，但由于分值不高，在有些人的心目中也算是副课。如果任课老师自身不重视，上课是会上得很无趣的。我以前也听过教研组内的不少老师的课，发现他们非常用心，把课上得非常精彩。从今天的角度而言，社政组的老师就扮演着思政教师的角色。从今天大力加强思政课建设的角度而言，教师上课上得精彩，能更好地赢得学生的心，自然也就能更好地发挥思政课的育人功能。

不管是高校教师还是中小学教师，课堂是自己的“主战场”，让自己的课堂教学有魅力，应该是每一位教师的自觉追求。

客观地说，现在的中小学生，内在的学习动机并不强。因此，激发学生对自己所教学科的兴趣，来增强学生的学习动机，是每一位教师义不容辞的职责和担当。如果学生真正喜欢上了这门课，教师是无须担心学生的学习成绩的。

在中小学中，由于受功利化因素的影响，教师所教的学科也分为考试科目和非考试科目，而考试科目中还以分数的权重来进一步区分重要性。这样，也导致了考试科目的强势和非考试科目的弱势。

但对于学生的全面发展来说，所学的科目是不分主副的，教师自身对所教科目的态度会在很大程度上影响着学生对这一科目的态度。因此，每一位教师都要成为自己学科的代言人，把课上精彩，让学生能享受你的课堂。

事实上，学生也很功利，当他们认为这门课对自己没什么用的时候，就会用脚投票。这一点，笔者也深有感触。在仁爱中学期间，有一段时间，学校安排笔者给七年级的学生上心理课。当时，笔者刚入职不久，作为新人，自然很想把课上好。笔者通过生动形象的语言，结合最新的热点，让学生认识到心理健康的重要意义，也让他们认识到注重心理建设是对自己负责。后来，学校开展学生评价教师活动，心理课连续几年都颇受好评，有些班级甚至还排在第一。

后来，学校安排笔者给九年级上生涯规划课。当然，这个生涯规划也是心理健康教育的范围，只是更针对某些专题而已。尽管当时笔者已经不是课堂教学的菜鸟，无论是教学水平和课堂调控能力，都比以前有了很大的进步。但是，笔者总会发现有些学生不把我当回事，而且还大多是班级中学习成绩较好的学生。面对这样的窘境，笔者也只能坦然面对，因为“按着牛头强饮水”是不现实的。当然，笔者也不会缴械投降，这对自己来说也是自我提升的机会。笔者能做的，就是尽量在备课上多下功夫，尽量增加课堂教学的吸引力，让学生觉得上这样的课还是有所收获的。从后面几年的实践来看，学生在上课时的投入度明显好多了。

笔者也用研究来促进自己的教学，在反思中形成研究成果。在上生涯规划课的几年中，我写的四篇论文在宁波市中小学心理健康教育论文评审中获奖。其中，《生涯教育视野下初中心理健康教育的新探索》和《从初中生“职业选择”看职业生涯规划的“着力点”》这两篇论文获得宁波市一等奖。

特级教师陈日亮的《我即语文》和特级教师华应龙的《我就是数学》的著作，在全国中小学教师中具有很大影响力，他们就是为学科代言的典范。现在很多人都在引用“站在课堂上，我就是语文”的说法。其实，这个说法可以运用到所有的学科。当然，用这样的表达，教师自身是要有底气的。

虽不能至，心向往之。不是每一位教师都有勇气和底气喊出“我就是某某学科”，但这应该成为自己的努力方向。从这个意义上来说，教师真的是一项需要终身进德修业的职业。

在这个信息大爆炸时代，教师的知识权威地位已经不复存在。各种网红教师的精彩授课视频在网上比比皆是，而学生对教师也会更加挑剔。如果“别人家的教师”那么精彩，而自己的教师却这么不堪，那么教师也很容易失去在学生面前的尊严。

增强自己的职业认同、把自己和自己所教的学科融为一体、让不断精进成为每天的必修课、让自己的课上得更加精彩，应是每一位教师奋斗的目标，值得每一位教师思考。努力成为自己学科的最佳代言人，也有助于教师更好地赢得职业尊严。

教师要追求绿色的教育质量

2019 年 8 月，笔者参加了镇海区教育系统暑期教育干部读书会暨半年度工作会议。在本次会议上，镇海区教育局党委书记、局长毛志挺所做的主题报告中强调要致力于“分数与分数背后含金量”的统一，推进“五育”并举。

学生的学业成绩，是智育的重要组成部分。让学生获得较好的学业成绩，考取理想的分数，是满足家长对子女高水平升学的需求。无论是对于学生还是教师，分数都是绕不过的。“没有分数过不好今天，只有分数过不好明天”，这句话也充分说明了在教育中，要处理好理想和现实的关系。

但是，同样分数的背后，有着其不同的含金量。因为分数的背后，凝结着德育、体育、美育、劳动教育和情感态度价值观教育的落实。

提高分数背后的含金量应该成为每一位教育工作者的共识。提高分数背后的含金量，最重要的就是要按教育教学规律和学生身心发展规律办事，让学生变被动学习为主动学习。也就是说，教师抓质量要科学地抓，要追求绿色的质量。

现实中，有些教师非常负责，一心扑在工作上，自己也非常辛苦。但有些教师在提高学生的分数上，是靠多占用学生的时间来取得的。有些教师会占用午休和下午放学的时间，来给学生多讲课。这样不仅让学生在这门学科上多花了很多时间，而且会影响到其他学科的学习。如果学校形成了这样的教学文化，对学生来说，无疑是场灾难。毫无疑问，这样的分数性价比低，分数背后的含金量并不高。同样的分数背后，有的教师是多讲少练，有的教师是少讲多练，甚至有的教师是乱讲乱练。这样，学生在获得同样的分数时，其所花的时间和内心体验是完全不一样的。

不少有胆识的校长，禁止教师在学生午休时间和放学后的时间给学生集体上课。刚开始那些负责的教师会有抵触心理，认为这样会导致学生学习成绩下降。但很多地方的实践表明，这样做了之后，学生的学习成绩不仅没有下降，反而有上升的空间。因为在机制上倒逼教师不能过多占用学生的课余时间，教师就要在提高课堂教学效率上下功夫。这样，学生也有了更多的空余和自主学习的时间。如果学生能在主动的学习和探究中提高分数，这比大量刷题取得同样的分数，自然性价比更高。在这一点上，每一位教师都是可以有所作为，也是应该有所作为的。

上海市长宁区教育局在推进快乐教育中取得了积极的成效。该区教育局局长姚期在谈及学生的全面发展时，有个形象的说法，就是把德、智、体、美、劳比作五条跑道。现实中，很多学生在智育这条跑道上花了太多的时间，不仅抢跑，而且一直领跑，从而导致在其他跑道上的落后。而其他跑道的努力是能促进智育这条跑道的。这也是我们通常所说的德育促进教学、体育促进教学……学生的责任心强了，有了明确的人生追求，自然会在学习上下更多的功夫，避免成为低效率的勤奋者。

全国教育大会提出，必须把立德树人成效作为检验学校一切工作的根本标准。2019 年 7 月在全国基础教育工作会议上，孙春兰副总理强调，要梳理科学的教育理念，坚持有教无类、因材施教，为不同性格禀赋的学生提供更加适宜的教育。

推进“五育”并举，并不会影响学生的学习成绩。坚持“五育”并举，在促进学生全面发展的同时，学生的学习成绩自然也不会差。

提高分数背后的“含金量”是教师可以有所作为的地方，也是教师应该有所作为的地方。在分析一张试卷时，有的教师是从头讲到尾，有的教师是根据学生答题的情况，有针对性地重点讲解。可见，教师在日常工作中的修为，在很大程度上决定了学生在学习上的投入和取得的成果。

从某种程度上来说，提高分数背后的“含金量”，也是务实有效的减负之举，不仅减少学生过重的课业负担，教师自身也可以得到解放。现实中，不少教师负担很重，有着改不完的作业，很少有时间去研究教材教法。有的老师甚至上午布置作业，要求学生下午上课前交，把学生和自己搞得都很累。这样做，是否本末倒置了？

教师如何把作业纳入备课的环节中，把精选作业作为教学的一部分，并通过对学生作业的分析来检验教学效果。或许，这样学生的作业就会减下来，教师自身的工作也就更有创造性。

教师提高分数背后的“含金量”还有多种方法和路径，比如提高课堂教学的趣味性，让学生在课堂上发挥主体作用，建立和谐的师生关系……总之，让学生在学习上不再“心累”，就是有效的减负之举，也能让学生在获得分数以外，提升对学习的热情、对自己的信心，获得良好的人际关系……

对于每一位教师而言，应把提高分数背后的“含金量”作为自己的自觉追求，按照教育教学规律和学生身心发展规律来开展教育教学工作。教师要避免将时间花在低效率的勤奋上，而是要花在提高自己的专业水平上，比如上课能吸引学生的兴趣，构建和谐的师生关系，能针对性地对学生的不足进行指导等。这样，每一位教师才能更好地推进“五育”并举，落实立德树人这一教育根本任务。

做自我精进的现代教师

2019 年，中央电视台“面对面”栏目曾两次对华为创始人、CEO 任正非进行专访。在专访中，任正非从国家发展竞争优势、科技创新等方面谈到了人才的重要性，特别是谈到了基础教育发展对于国家未来发展的重要作用。

任正非认为：“把教育做好，国家才有未来。因此，要提高老师的待遇，再穷也不能穷教师，要让优秀的人才愿意去当教师，让优秀的孩子愿意学师范，这样就可以实现‘用最优秀的人去培养更优秀的人’。”他呼吁，要让教师成为最光荣的职业，国家未来才有希望，才能在世界竞技中获得成功。

当前，随着中共中央、国务院《关于全面深化新时代教师队伍建设改革的意见》的发布和全国教育大会的召开，各地方党政陆续召开了教育大会并出台了加强教师队伍建设的相关文件，我国教师队伍建设进入了一个新的发展时期。教师的政治地位、社会地位、经济收入等也将进入新时代。面对良好的发展机遇和形势，教师如何提高自身综合素质，让自己成为一名成长型教师，在进德修业中不断提升自我，是需要每一位教师认真思考的现实问题。

在任正非为教师提高待遇呐喊助威时，我们不妨再来听听另一位教育界知名人士吴非的声音。他的文章《教师专业素养提升，是安身立命的根本》，同样值得我们深思。吴非提到，教师作为一种专门的职业，它既要经过学历教育，还得不断地学习，只有通过“严格、持续地学习”，才能提高专业素养，保证自己的专业地位。他进一步提到，现在教师自觉学习，保持专业修养的意识并不是很强。可见，有些教师还配不上专业人士的称号。

现在，“未来已来”的说法非常流行。对于教育而言，教育是为未来社会培养公民。而谈及“未来”，我们就不得不考虑到大数据、云计算、人工智能等对教育的影响和改变。毫无疑问，未来教育不仅仅是技术层面的变革，更涉及学生的学习方式、教师的教学方式等。那么，面向未来的教师如何提升自己的素养，以更好地适应未来教育的挑战，成为一个不能忽视的现实问题。

不仅如此，教师还应有一种职业上的危机感，在各行各业机器取代人的大背景下，教师会不会被人工智能所取代？教师如果仅仅是当好知识的搬运工的话，则很有可能不如机器人。2017 年 10 月，河南省曾开展过特级教师对垒智能机器人的人机大战实验，结果是 AI 教学全面碾压真人教学。可见，在知识的传授上，智能机器人可以取代教师。

有学者认为，智能机器人无法完成“随机应变”“复杂人际”

等相关的工作内容，无法取代教师职业，未来教育会进入“人机共教”的新时代。但有一句话同样值得警醒：技术不会取代教师，但懂技术的教师会取代不懂技术的教师。

可以说，在进入“人机共教”的新时代里，教师要想不被淘汰，就必须学会与人工智能共舞：在学习人工智能无法做的事的同时，更要善于把人工智能为自己所用。

2019年年初，《中国教育现代化2035》发布，提出了大力推进教育现代化的十大战略任务，其中第七大任务是“建设高素质专业化创新型教师队伍”。面对时代发展的要求和各级政府对教师队伍建设的重视，切实提升自己的素养，已成为摆在每一位教师面前的一道考题。

客观地说，在我国中小学教师队伍中，在成长上具有内生力的教师并不多。很多教师的成长是靠着外在激励措施引领的。“高级后不作为”的现象，就是一个最好的证明。在中小学教师职称序列中还没有设立正高级职称时，很多教师评上副高后就到顶了。不少教师从评上职称前的奋发有为变成了评上职称后的偃旗息鼓，公开课不上了，文章不写了，班主任也不乐意当了。当然，这一点，在实行“县管校聘”后好了些，但这同样是外力的介入。

在当前这样一个竞争十分激烈的社会里，教育系统还算是非常安逸的。企业里出现的中年危机，教育系统里并没有感觉。不少上了一定年纪的教师还认为，自己年轻时也曾努力过。事实上，当机器换人真正到来，被淘汰的肯定是跟不上时代的教师。曾经有这样一句话：“当时代抛弃你的时候，连声招呼都不会打。”

在很多社交群里，不少教师的语言中体现出对自己所从事的职业的负面评价。现实中，也有为数不少的教师存在职业倦怠现象。上述现象的出现，跟教师的职业认同感不强有很大的关系。所谓职业认同，就是对自己从事的职业的责任和使命有清楚的认识，对工作中面临的挑战和压力有积极应对的心理准备。选择了一种职业，就是选择了一种生活方式。因此，对于教师而言，既然从事了教师职业，就应该清楚地认识到教师职业的工作要求以及面对的压力和挑战，用积极的心态去应对。

同时，教师要有清晰的职业生涯发展规划，让自己在不同的阶段都有明确的追求，做一个有目标感、有奋斗感的教师。教师要明确地认识到未来可能会面临的挑战，有着应对未来挑战的心理准备。这样，即便进入“人机共教”的新时代，一个有准备的教师也不会有“本领恐慌”感的，因为这已经在他的职业认同的范畴内，他的职业生涯发展规划中已经有了应对的措施。

教师增强职业认同，是提高专业水平和提升职业幸福的基础。一个职业认同度高的教师，会以做一个好教师为追求和使命，并在实践中把自己打磨成一个好教师。

做自我精进的现代教师，应该成为每一位教师的自觉追求。

提升线上教学能力是为自己赋能

2020年，突如其来的新冠肺炎疫情推迟了正常开学的时间。于是，教育部做出了“停课不停学”的部署，在没有心理准备的前提下，教师们开始了线上教学的尝试。面对线上教学的挑战，不少教师调侃自己为“十八线主播”。有些教师上网课时出“事故”的尴尬，也一时成为网上热议的趣事。对于有些教师对上网课的吐槽，教育部也发声，不能硬性要求所有老师录网课。但是有一点也不容忽视，提高“线上教学能力”是每一位教师都必须正视的现实问题。

尽管新冠肺炎疫情期间的线上教学是应急之举，不能取代日常的线下教学，但我们也不得不承认这样的现实：在这样的特殊情况下，开展线上教学是对一个地方教育信息化建设的考验，也是对教师信息化教学能力的一种检验。很多人都听过这么一句话：技术不会取代你，但懂技术的人会把你远远地甩在后面。从这样的一个角度来看，提高“线上教学能力”应该成为每一位教师的自觉追求。而从今后的视角来看，“线上教学”也将成为教师的一种必备素养。

郑杰在《给教师的一百条新建议》一书中提到，教师要让自己成为稀缺资源，不要让自己贬值，要尽量让自己增值。教师让自己增值的路径主要有两条，一是加强学习，二是增加实践历练。在郑杰看来，教师带差班、乱班就是增加一种实践历练，在这样的实践中提高自己的班级管理能力，就是让自己增值。同理，在现在这样一个特殊的时期，教师提高“线上教学能力”就是增加自己的历练，为自己增值。

客观地说，像今天这样大规模地开展线上教学，基本上没有经验可以借鉴。大家都在摸着石头过河，高校的研究者和中小学的优秀教师都在发声，很多媒体也都在探讨这个话题。对于中小学教师而言，如何提高自己的“线上教学能力”可以成为自己的一个现实研究课题，并用相关的理论来指导自己的线上教学实践。比如华东师范大学课程研究所所长崔允漷教授认为，一些发达国家在线学习已经尝试了 20 多年，几乎达成了共识：在线学习是有优势的，但无法解决学生的学习动机与社会情绪发展两大难题。可见，这两个问题是教师开展“线上教学”时必须关注的。

从另外一个角度而言，在线学习是培养学生自主学习能力的良好契机。但这同样对教师的“线上教学”提出了严峻的挑战，在无法面对面与学生互动的情况下，如何来增强学生的学习动机、激发学生的学习兴趣，这就需要教师在实践中逐步摸索。

现实中，有些学生因为缺乏自制力，网课学习期间在学习上没什么长进，而网瘾则进一步加剧。有些学校在学生返校后对学生的摸底检测中，发现学生的两极分化现象比较严重，有些学生连最基础的知识都没有掌握。

在线教学对很多教师而言，的确是一个很大的挑战。2020 年 4 月，华东师范大学的一个研究团队对基础教育阶段的 15438 名教师进行调查，对教师在使用在线教学的难度评估中，大多数教师普遍觉得难度较高。其中，觉得在线教学非常难的占比 21.80%，觉得比较难的占比 41.26%，觉得不太难的占比 29.41%，觉得一点都不难的教师仅占 7.53%。可见，在这场突如其来的“停课不停学”的考验中，大多数教师面临着较大的压力。

在线上教学的实践中，教师不管是录视频，还是上直播课，都是名副其实的公开课，需要付出更多的时间和心血，否则会砸了自己的牌子。正如平时用心上好每堂课的教师，是不用担心被推门听课一样。平时练就了扎实的教学基本功，又能很好地利用信息技术的教师，在在线教学上就多了一份淡定和底气。

可以说，提高在线教学的水平，是教师应该学习的一项新技能。其实，线上教学跟日常的教学一样，不仅仅是课堂上的那段时光，还包括精心设计在线教学的教案，录制相关的视频，在线批改学生的作业，为学生进行在线答疑等。此外，包括更好地赢得家长的支持，来发挥家校协作的力量，也是很值得关注的。

教师在本次在线教学中习得的新技能，可以更好地运用到今后的教学工作中去。有研究者指出，将在线学习和线下学习相结合的混合式学习是未来教育的出路。那么，如何应对未来教育的挑战，提高线上教学能力，就成为教师的基本修炼。

对此，笔者也深有感触。由于自己的工作性质不需要给学生上网课，这样在“停课不停学”期间，笔者只是听闻网课而缺乏实践。2020 年 4 月份，我们曾利用微信群进行了一次和作者的线上读书分享会，感觉效果不理想。当时，就有不少教师建议可采用钉钉视频会议的方式，其中有一位教科室负责人自告奋勇地说可以进行演示。在这位教科室负责人的指导下，我们在一个小范围的钉钉群里进行了演练，掌握了操作的技巧。此后，我们以钉钉视频会议的方式进行了多次云端的读书分享会，并与清华大学教育研究院石中英教授、北京市海淀区教科院吴颖惠院长、北京市教科院教育科研种子项目负责人杜卫斌老师、中国教育报资深编辑张贵勇老师等进行了线上面对面的交流。笔者作为具体活动的主持人，也成了名副其实的十八线网络主持人。后来，笔者也应邀给宁波大学德育科研能力提升班的学员做钉钉群的直播讲座，对钉钉群的群联播方式有了清楚的认识。或许，这样自己也能胜任线上教学了。

“不怕事，事上练”，王阳明先生的这个观点，很值得我们思考。提高“线上教学能力”，既是应对“停课不停学”的现实需求，又是为自己增值。教师有了这样的观点，自然能更加积极地去面对在线教学，让自己在“停课不停学”中更加积极有为。

教师成长中的有为和不为

在教师成长中，会碰到各种挑战，会有各种诱惑。教师该追求什么？该抵制什么？

在价值追求多样化的当下，教师如何坚守自己的初心就显得尤为重要。落实到具体的细节上，比如追求成为什么样的名师？如何对待教师培训？如何建设教师自媒体？教师自身的初心就能得到很好的体现。

有所为和有所不为，这是教师成长中的一道考题，需要每一名教师自己做出回答。

学生最不能接受的教师行为是什么?

当下的中小学，有一种“生命力”非常顽强的现象，那就是拖堂。按说，要杜绝这种现象并不难，但就是屡禁不止，简直可以称得上是顽疾了。而惯于拖堂的教师，往往是平时工作非常认真负责的教师。那么，这是不是也算是低效率勤奋呢?

2016年，笔者参加了在复旦大学举办的镇海区中小学、幼儿园教师“科研素养提升”专题培训班，上海市某区教育学院的一位专家列举了一系列调查数据。在“学生欣赏的教师品质”中，2012年和2014年的前三项品质是一致的，分别是幽默、耐心宽容和尊重学生，其中2014年这三者的比例分别是59.3%、48.6%和31.7%。在“学生最不能接受的教师行为”中，2012年的调查排在前三位的是拖堂、污蔑学生和不公正，分别占44%、36.7%和28.2%；2014年的调查排在前三位的是拖堂、污蔑学生、抢占其他学科教师的时间，分别占了42.3%、33.2%和26.8%。

好的关系胜过好的教育，教育学首先是关系学。教师要想提高教育教学效果，真的需要好好品读一下这两组数据，应该懂得学生喜欢什么样的教师，讨厌什么样的教师。教师至少应该能赢得学生的尊重，要是能赢得学生的喜欢乃至信任，更是锦上添花。这两组数据中提到的“幽默、耐心宽容和尊重学生”，应该成为教师的努力方向；“拖堂、污蔑学生、抢占其他学科教师的时间、不公正的行为”应该避免。

不少教师以“为学生好”的名义，干着学生最讨厌的事，他们让学生讨厌也就不可避免了。拖堂就是其中最典型的一种。媒体报道，因为教师的拖堂，有的学生没有时间上厕所，甚至不敢喝水。教师不经意间的拖堂行为，成了影响学生身心健康的大事，难怪会遭到学生讨厌。

上一节课的教师拖堂，下一节课的教师提前候课，如此一来，宝贵的课间休息时间就不知不觉消失了。拖堂现象曾引发过很多的讨论，被公认为是严重损害学生权益的事，很多教师也都认为拖堂并不能提高学习成绩。但以刚才提到的上海市某区为例，“学生最不能接受的教师行为”2012 年拖堂排在第一位，而到了 2014 年，拖堂还是排在第一位，而且比例均超过 40%。说明拖堂这个看起来很小的行为，其实是很难根治的。教师一旦形成某种习惯，往往很难改变。

笔者想起以前仁爱中学的“校长推荐文章”中也有关于拖堂问题的文章，《对“上课拖堂”的理解》发表在《中国教育报》上，作者是华东师范大学胡东芳老师。“校长推荐文章”是仁爱中学时任校长毛志挺推出的一项教师校本教研学习制度，每周由校长向全校教师推荐一篇文章，在文章的后面还会附上校长读后启示，供全校教师参考。

当时，毛志挺校长在这篇文章后面写下了这样的启示：

1. 教师上课不拖堂，表明了我们教师强烈的遵守时间的意识，是一种既尊重自己，又尊重学生的好习惯。

2. 上课拖堂，会引起学生心理极度烦躁或逆反心理，这在心理学上称之为“超限效应”。因此，讲求效率的教师一定要谨慎对待“多多益善”的观点，为了使教育内容“落地有声”，有时还须“戛然而止”。

3. 课间虽然只有区区 10 分钟，却有着充分的心理学和生理学依据，它可以让学生身心得到适时放松，为后续课程做好准备，是尊重学生成长规律和遵循教育规律的一种方式。“上课不拖堂”也是贯彻我校办学理念之一“科学地抓质量”的重要表现。

毛志挺校长写的读后启示，旗帜鲜明地表明了学校对“拖堂”现象的反对。当笔者现在回过头来看这篇校长推荐文章的时候，真的有一种难以名状的感觉。拖堂这一行为真的是太倔强了，怎么这么多年还依然被学生讨厌着，却被教师实践着。事实上，调控好自己的课堂教学节奏，应该是教师的基本功，教师要有应变的能力，时间不够了，有些内容可以少讲，甚至不讲，难道非得按部就班地把自己想讲的内容都讲完吗？

从某种程度上来讲，教师的拖堂行为是出力不讨好的表现。如果一位教师老是拖堂，学生讨厌这位教师，就会影响到学生对这门学科的学习态度，不少学生就是因为讨厌某位教师而没能好好学习这门功课。今天的学生，接触面广、信息量大，教师要想赢得学生真正的尊重和信任更加不易。教师首先要避免站在学生的对立面，如果拖堂是学生最反对的教师行为，教师就得好好反省自己的教学行为，做到在自己的课堂教学时间内完成教学任务。

微信上曾广为流传的一篇《教师要忙到点子上》的文章真的说到了点子上。中小学教师工作量大，但是否能忙到点子上，做到不瞎忙，还是很值得思考的。教师要真正树立“以生为本”的观念，就应该在提高教学效率上下功夫，在精练课堂语言上下功夫，用杜绝拖堂来倒逼自己提高课堂驾驭能力。加强学习，提高自己的各种素养，把自身作为重要的课程资源来看待，教师就会逐渐拥有学生所喜欢的各种优秀品质。

拖堂是学生最不能接受的教师行为，这应该成为教师的一种常识，真正从内心认识这一点，并付诸实践去根治这个顽疾。但愿以后在相关的调查中，拖堂不再出现。

构建和谐家校关系应成为教师基本功

因为对一份暑假作业的异议，多名教师和家长就在微信群里大吵起来，这样的一言不合便互怼，真是不可思议。从这件事情上来看，家校微信群还真的是雷区，时刻会有爆炸的危险。同样是家校微信群，有的是温馨和谐，有的则是危机四伏。事实上，线上的问题根源是在线下，如果现实中家长和教师关系很和谐的话，很难想象会出现线上一言不合便互怼的尴尬。的确，这次的争论是一位刚接手这个班级的班主任在网上布置暑假作业所引发的。

构建和谐的家校关系，是发挥家校教育合力的重要前提，家校关系和谐是教师和家长的双赢。在家校关系对立的情况下能把孩子教育好，是很难实现的。

和谐家校关系的具体构建者和直接责任人就是教师，其中班主任尤为重要。与师生关系一样，构建家校关系过程中教师应起到主导作用。“家长中三教九流的都有，我们要学会和不同的家长沟通”，十多年前仁爱中学一位老教师在学校德育工作研讨会上的发言给我留下了深刻的印象。这位老教师带点调侃味的观点道出了一个真相，那就是家长是一个复杂的群体，不同的家长有不同的价值观，对孩子的教育有不同的方法，对孩子的发展也有着不同的要求。从这个意义上来说，教师要赢得家长的信任并不容易。但教师和家长有一个共同的目标，那就是为了孩子更好地成长。因此，教师和家长就可以成为同一个战壕里的战友，成为名副其实的家校同盟军。

因此，学会和不同类型的家长打交道，赢得家长们对自己的信任和支持，就成为教师的一项必修课。家长，可以成为教师做好教育工作的有力后援团。有这样一个真实的事例，某校的某个班级经常被家长投诉作业量大。学校经过调查，发现这个班级的作业量和其他班级也没什么区别，问题的症结在班主任和家长的矛盾较多。

教师在学生面前有着天然的教育者的角色，但在家长面前应该扮演合作者的角色。提高沟通的意识和能力，让有效沟通使家长切实感受到教师对孩子的关爱，这是教师必须要修炼的一项基本功。教师的关爱不仅要让学生懂，也要让家长懂，这其实就是用好心理学上的自己人效应，拉近教师和家长的心理距离。在家校沟通中，教师一定要摆正自己的位置，平等地对待家长，切勿用传唤的心态来对待家长。教师要切实尊重家长，即便是孩子出了问题，也不能说伤害家长自尊的话，尤其是在公开的场合。此外，在与家长沟通中，要摒弃“只报忧不报喜”的做法，让家长不再觉得教师找家长就是孩子有问题。这样，家长也更乐意与教师沟通，即便是孩子出了问题，家长也相信教师解决问题的诚意。

2018 年 6 月，河南某小学班主任把学生在校古诗默写的成绩及学生照片传到家长群，引起个别家长的强烈不满。家长声称要该教师登门道歉，不然的话将向教体局举报。该班主任觉得很憋屈，在给学校领导写请假信的时候，原本想辞掉班主任职务，后来情绪一激动，就写成辞职信了。该班主任还把辞职信传到了网上，引发了很多网友关注。

从某种程度上来说，学会用微信群或 QQ 群来促进家校沟通，应成为当今教师的一项基本能力。我国知名教育学者、辽宁师范大学博士生导师傅维利教授在《论家校微信交流冲突中教师的角色担当》一文中指出，微信交流虽然有利于家校便捷沟通，但也存在一些风险与冲突，主要表现在：教师向家长转嫁教育教学任务；教师与家长没有建立起平等互信的交流关系；缺乏对学生及其家庭隐私的有效保护；缺少科学的交流技能和协调一致的教育立场。

可见，河南这位班主任在家长群中的发言，没有意识到微信交流存在的风险和冲突，披露了学生的隐私，伤害了家长的自尊，的确是有错在先。但是面对家长的无理要求，教师也不应该任性地辞职，还把这件事弄得人尽皆知。如果教师冷静下来，可以借第三方的力量进行调节，比如请班内相关的任课教师或者学校相关部门与家长联系，缓和冲突。

家长和教师线上关系紧张，根源是在线下，破解之道也是在线下。客观地说，很多教师感慨现在教师越来越难当了，家长对教师的要求也越来越高了，不同的家长对教育有着不同的理解，对孩子有着不同的要求。因此，教师仅凭经验去要求家长来配合自己的工作就不够了，而应该主动跟家长交流，增进与家长的相互了解，让家长感受到自己的诚意。

叶圣陶先生的《如果我当教师》一文中有这么一段话：“我还是做小朋友家属的朋友，对他们的亲切和忠诚和对小朋友一般无二。……做家属的亲切忠诚的朋友，我想也不难，拿出真心来，从行为、语言、态度上表现我要小朋友好，也就是要他们的子女弟妹好。谁不爱自己的子女弟妹？还肯故意与我不一致。”

叶圣陶先生的这篇文章发表于 1941 年，这段话放在今天来说也一点都不过时。站在今天的角度来看，这段话指出了教师需要构建和谐的家校关系，以更好地发挥家校合作的力量，培养好学生。

教师要把新媒体沟通和传统家访这两种方式结合起来。利用新媒体，可以方便地与家长进行即时沟通，也便于教师发布通知。在微信群和 QQ 群里，教师发言也要注意，有些话适合公开讲，有些话则适合对孩子的父母单独讲。有的需要采用一对一的模式，比如对某个孩子的温馨提示，需要家长特别注意的事项。“表扬的话公开讲，批评的话悄悄讲”，这也是一种家校沟通的技巧。这样，家长自然会感受到教师的真诚。家长对教师信任了，自然会更好地配合和支持教师的工作。

传统家访，不仅可以了解学生，同样也可以了解家长，比如家长对孩子的期望等。有些优秀的班主任在接班前就开展地毯式家访，这样班主任自然就得到家长的认同和尊重。不过有一点也值得注意，教师去家访前最好事先征求家长的意见，现实中的确也有家长不希望教师来家访的。

用心做好家校沟通，教师需要付出更多，但这有助于形成有效的家校同盟，为教师赢得更多的支持者，还是很值得做的。做和谐家校关系的积极构建者，应成为新时代教师的基本功。

教师的爱要让学生看得见

“教师的爱，要通过专业的态度、策略和技巧，让学生看得见。”在2018年镇海区举行的一次德育专题读书会上，《让学生看见你的爱》一书的作者沈丽新的观点引发了大家的深思。

爱与责任，是每一位教师的标配，教育部曾把“爱与责任”的教育放在师德建设的首位。“教育之没有情感，没有爱，如同池塘没有水一样，没有水就不能称其为池塘，没有爱就没有教育”，夏丏尊先生的这句话经常被教师引用。但现实中，有些教师却很无奈，自己明明对学生是满腔的爱，却得不到学生的理解。因此，也可以这么说，有爱也未必有教育，当学生感受不到教师的爱时，教师的爱未必就能发挥其应有的作用。因此，让学生看见教师的爱是教师不容忽视的教育智慧。

前些年，嘉兴市就曾开展过一次关于师生关系的调查。该调查中，有72.4%的中学生在“你觉得老师最需要改进的是什么”的选项中，选了“与学生的沟通”。应该说，与学生沟通最便利的无疑是班主任，但学生却说：“我们班主任真的很不得人心，我们没一个不私下里骂他的。”在这个调查中，有48.9%的教师还认为自己“很了解”或“比较了解”学生内心的想法，自我感觉不错；而学生认为老师“很了解”或“基本了解”自己的，却只占8.2%，根本不买账。这个调查让很多教师很受伤，因为很少有学生能感受到教师的爱。从这个意义上来讲，教师如何对学生表达爱，使自己的爱能让学生感受到，这也是个专业活。或许，这就是成尚荣先生所倡导的儿童研究是教师的第一专业。

近年来，由于师生关系紧张而导致的恶性事件屡见不鲜，媒体一直有相关的报道。现在越来越多的有识之士认识到，教育学首先是关系学，好的关系胜过好的教育。在构建和谐师生关系的过程中，教师无疑应该占据主动地位。或许可以这么说，教师是构建和谐师生关系的第一责任人。笔者认为，理想的师生关系应该是这样的：师生保持舒适的心理距离，让学生有充分的安全感并对教师充满敬意。试想，有了这样的师生关系，师生之间就不大可能出现大的冲突和矛盾了。这样，教师在更好地扮演好学生成长导师和引路人角色的同时，自身也能更好地享受职业幸福。

在师生交往过程中，并没有什么轰轰烈烈的大事，往往都是一些平凡的日常小事。正如人们所说：条条大道通罗马。尽管追求的目标相同，但实现目标的路径各不相同。比如，各地都有文明班或者流动红旗的评比，如果过于强调为了这个目标的达成而让学生守纪律、懂文明、讲卫生，有些学生内心并不认同。但是，如果教师换一种方式，那就是让学生认识到守纪律、懂文明、讲卫生是一个人的基本素养，养成这样的习惯的学生将来会更受欢迎。当然，学生这样做了，班级自然也能评上文明班或者拿到流动红旗了。而教师这样要求学生，会让学生感受到教师是为自己好，这其实就是教师爱的表达让学生看得到。

现实中，还有一种很不好的现象。有些学生认为是在为老师学习，因为全班的成绩好了，教师的奖金就多了。正是因为有这样的想法，有些学生在和教师有冲突之后，往往以不好好学习这位老师的功课来对抗。事实上，这对学生是很不利的。因此，教师在激发学生学习动机的时候，如何来激发学生内在的热情是非常重要的。如果让学生感受到自己是为教师学习，这样教师的教育在很大程度上就失败了。

教师要有意识地提高自己沟通的艺术，要善于站在学生的立场去谈问题。心理学上有个“自己人效应”，教师要充分利用好这一效应，让学生感受到教师是和自己站在一边的，教师在解决问题时是出于为自己好的目的。

教师即便是批评学生，也要让学生感受到教师是在为他们考虑，从而在一定程度上化解他们对教师批评的抵触心理，进而能接受批评。当然，教师要摒弃“良药苦口利于病，忠言逆耳利于行”的观点，对学生说话时能尽量做到“良药不苦，忠言顺耳”的艺术。这样，就不会让学生在接受批评时有一种内在的排斥心理。

教师要了解学生的兴趣爱好，和学生有共同的语言，这样才能更好地让学生感受到教师和自己的“近距离”。即便学生有着在教师看来是不良的兴趣爱好，教师也不能一上来就把学生一棒子打死，这样就会直接导致学生站在自己的对立面上。教师可以和学生有不同的兴趣，但要接纳他们的兴趣，在理解的基础上进行必要的引导，这样才能搭建起与学生沟通的桥梁。

教师要对学生进行积极的关注。学生是非常在意他人尤其是教师对自己的评价的。教师恰到好处的表扬是激励学生努力前进的重要推动力。当学生表现突出或有进步时，教师的一句表扬，会让他们有如沐春风般的感觉。当学生遇到挫折时，教师的一句安慰同样会让学生感到温暖。

尽管教师是师生关系的主要构建者，但对于师生关系质量评价的主动权却在学生。当学生真正感受到并理解教师的关爱，且乐于回报这种关爱的时候，和谐的师生关系也就水到渠成地建立起来了。可见，让学生看见教师的爱，是一个不容忽视的教育问题。

教师要引领家长而非迎合家长

2019年4月，笔者参加了宁波市教育学会第八次代表大会。在会上，国家督学、浙江省教育学会会长张绪培提到，“现在教育比较弱势，谁都能对教育指点江山。在这个问题上，跟教育人自身不够专业有一定的关系，不少教师丧失了教育的原则，忘记了教育自身的规律性。教师不应该做老百姓的尾巴，而是引领老百姓办有规律的教育”。

听了张绪培会长的一席话，笔者深有感触。换句话说，教师要引领家长而非迎合家长。如果教师能做到引领家长，自然要有教育上的话语权。在今天这个知识来源多元化的移动互联网时代，仅有教师身份自然并不能享有应有的教育话语权。而教师在教育上的话语权，来源于自己的教育专业水平。因此，教师只有提高自身的专业水平，才能获得真正的教育话语权。这样，家长也才能真正信服教师，在教育孩子上更好地形成家校合力。

从另一个角度说，教师除了爱心以外，更应该用专业水平来赢得应有的尊重。教师应该更有作为，才能真正配享党的十九大报告中提出的倡导全社会尊师重教。

现在，有一种不大好的现象，不仅不少教师自身，而且也有很多媒体尤其是自媒体都在刻意强调教师工作的忙和累。但是如果一项职业仅仅是忙和累，并不能赢得更多的尊重。在微信上刷屏的《废掉一个人最隐蔽的方式，是让他忙到没时间成长》一文很值得我们思考。你空出来的时间，除了休息好，就是用来自我成长。对于教师而言，忙是一个客观的现实，但是如果仅以忙为理由，而忽视自我成长的话，那么这对学生而言也不是负责的表现。同样，这样的教师也难以真正让家长信服。

《光明日报》2019 年 3 月 26 日曾刊发过《德与才，师道尊严的源泉》，读来非常发人深省。也就是说教师要真正赢得社会的尊重，自身的品德与才能非常重要。我们这里可以把才理解为专业水平。而且，教师要根据时代发展的需要，适时拓展自己专业的范畴。在《德与才，师道尊严的源泉》一文中，还专门配发了编者按：从“‘四有’好老师”到“引路人”到“全员全程全方位育人”，习近平总书记对教师群体的角色定位和使命担当不断提出新的更高要求。

事实上，教师要引领家长而非迎合家长，除了提升自己的教育专业水平外，还需要扮演好指导家庭教育的角色。

2019 年全国两会期间，就有全国政协委员呼吁要提高教师家庭教育指导能力。2019 年 6 月，中共中央、国务院颁布了《关于深化教育教学改革全面提高义务教育质量的意见》，明确提出要提高教师的“家庭教育指导能力”。可见，教师的家庭教育指导能力也成为教师专业素养的重要组成部分。

2020年1月1日正式实施的《浙江省家庭教育促进条例》明确规定，学校应当建立健全家庭教育指导工作制度，将家庭教育指导工作纳入学校工作计划和师资培训内容，建立起一支胜任家庭教育指导工作的教师队伍。

那么，究竟什么是教师的家庭教育指导力，教师又面临着怎样的挑战呢?

由于家庭教育指导力建设和研究还处于起步阶段，中国知网等期刊网上收录的文章还很少。《江苏教育研究》2020年2—3月合刊A刊发的《教师家庭教育指导能力的结构要素》对我们理解教师家庭教育指导力有很好的启示。该文作者张竹林认为，教师的家庭教育指导能力是教师通过各种学科的教育理念、手段、技术和方法，对实施家庭教育的家长从理论、方法、内容和技术等方面进行指导，帮助家长提高科学育儿素养、提高家庭教育水平的一种能力，其内容包括理念引领、行为规范、育人智慧培养等多个方面。教师家庭教育指导能力是教师新时代必须具备的新能力，可以丰富、完善教师的职业素养和能力结构。

从家庭教育指导能力的定义和教师要提高家庭教育指导能力的要求来看，教师工作的对象要从学生为主转向学生和家长并重。尽管家校共育形成合力的说法一直在提，但并没有对教师提出明确的家庭教育指导工作的要求。在现实中，班主任和家长打交道多一些，而一般的任课教师可能和家长的联系较少。可以说，提高家庭教育指导能力对教师提出了新的挑战。

张竹林在文中把家庭教育指导力上升到教师的通识能力的高度，是新时期教师的必备素养。他认为从教师的家庭教育指导力的内在结果来看，主要包括认知能力、沟通能力、情感能力、协作能力、管理能力。当然，这些能力对合格的教师而言，是本来就应该具备的，所以，在家庭教育指导工作中，要结合相关的工作要求，借用这些能力落实到位。

可见，提高家庭教育指导力，成了每一位教师都必须关注的现实话题，成了自己需要迫切提高的专业能力。提高包括家庭教育指导力在内的专业水平，是教师必须正视并践行的。相比较而言，对于很多教师来说，家庭教育指导能力会暂时成为自己的短板，需要有意识地补充相关的知识，提高家庭教育指导实践能力。其实，教师开展家庭教育指导，也正是和家长构建和谐家校关系的良好契机。

教师只有切实提高自身的家庭教育指导力，才能更好地做到引领家长而不是迎合家长。这样，教师群体必然会更受尊重。

教师对学生的严格要“适可而止”

2019年8月下旬，在新学期开学前，一篇题为《新学期致家长：请善待每位对孩子严格的老师!》的文章在微信朋友圈刷屏。这篇文章在不少微信大号中都有着10多万的阅读量，而且留言出现了一边倒，都为这篇文章叫好。

无疑，就信息传播的角度而言，这篇文章的出现时间恰到好处。其实这篇文章最初出现在“初中生家长”这样一个个人的微信公众号上。这篇文章被《人民教育》微信公众号转发后，引发了更多的转发。而且，有些公众号在转发的时候，已然不知不觉更夸张了，比如《致家长：新学期，请善待每位严厉的老师，别逼老师放弃你的孩子》。这样，这篇文章的刷屏就值得我们警醒了。

从“严格”到“严厉”，已经悄然变味了，因为这两者是有本质的区别的。严格是个中性词，是指遵守或执行规定和规则十分认真、不偏离原则、不容马虎。而严厉是严肃而厉害，一般指做错事情后给予的厉害的、严格的惩罚，不姑息。如果说善待对孩子严格的老师这是出于家长对教师的尊重的话，那么善待对孩子严厉的老师，则是显得对家长苛求了。

而且，在“请善待每位严厉的老师”的后面，加上“别逼老师放弃你的孩子”，读来真的挺不是滋味的，这样就显得教师高高在上，弄得家长很无奈似的。“别逼老师放弃你的孩子”的论调也不是新鲜事，几年前也曾在微信朋友圈刷屏。这样的论调，究竟是会促进家校关系的和谐，还是会恶化家校关系，很值得深思。

《新学期致家长：请善待每位对孩子严格的老师!》这篇文章主要讲的是要家校合力一起把孩子教育好，但其中的一些观点并不科学，值得反思。从某种程度上来说，这样的文章，对于教师来说，读起来很舒服，因为会让自己有一种代入感，会觉得作者说出了自己的心里话。但这篇文章中的观点，跟其他同类文章也并无二致，是一种鸡汤，喝多了会伤人。

“老师越严格，为孩子着想的心就越真诚。”显然，作者的观点是建立在严格就是教师对学生好的基础上的。但是现实中被披露出来的一些教师体罚和变相体罚学生的行为，往往是以为学生好的名义，那么这样的严格也应该被支持吗？事实上，根据严格的词义，对学生有相应的标准和要求，是每一位教师的职责所在。否则的话，教师就是不负责任，就是不称职。

教师对学生的严格是要有限度的，是要找到一个彼此都能接受的平衡点。如果教师对学生要求过高，会给学生带来过大的心理压力。现实中的“师源性心理问题”，就是源于教师不当的教育方式。

从某种程度上来说，教师对学生过于严格，甚至达到苛求的程度，肯定不是一件好事。美国名师雷夫，多年来一直致力打造“无恐惧和充满信任”的教室文化，并取得了良好的效果。这其实也说明和谐的师生关系，对于教育来说是非常重要的。教师对学生严格过度，学生惧怕教师，那么学生就会缺乏安全感。

作者在文中还提到，“如果教师不严格，完全不管孩子的学习，也不在意孩子上课不听课，回家不写作业，那么孩子只会越学越差”。如果用这样的标准来衡量教师的严格不严格，那也是对众多兢兢业业的教师的一种污蔑。这真的不是教师严不严格的问题，而是教师称不称职的问题了。

尽管说“严师出高徒”，但是教师的严格要有一定的度，否则也会过犹不及。教师的严格需要在师爱的基础上，严格本身不是目的，而是一种手段。而且，教师严格背后所包含的爱，也要让学生感受得到、体会得到，否则的话，造成紧张、对立的师生关系，那就得不偿失了。有些教师以“恨铁不成钢”的心态，在批评学生的时候辱骂甚至侮辱学生的人格尊严，那么这样以严格的名义进行的教育就成为反教育了。即便是教师有了教育惩戒权，这样也会导致惩戒权的滥用，教师自身也就违规了。

有一点必须引起注意，教师对学生的严格并不是要树立教师的个人权威，让学生畏惧教师。学生对教师有敬畏感和畏惧感是两种不同的概念。

教师的严格应是对各类行为规范的严格执行，并且对学生一视同仁，不能让学生感到不公正。教师可以和学生一起来制订各方面要遵循的行为规范要求以及违反规则的处理办法。当然，在规则的最终表述上，教师要把好关，不宜出现违反教育规律和相关规章制度的表述。让学生参与各类规范的制订，让他们对这些规范有认同感，违反的时候接受相应的处理也是心甘情愿的。对于学生违反相应规范准则，教师在处理的时候就照章办事。其实，对学生有约束的就是自己一起参与制订的各类规范，教师只是一个严格的“执法”者。但教师并不是有意和某个学生过不去，而是对违反班级行为规范的一种“叫停”，让大家都成为遵守班级契约的好学生。

另外，不同的家长对孩子的教养方式不同，教师不能只要求家长来善待自己的严格，同样自身也要主动与家长沟通，在教育孩子的方式方法上取得共识。教师如果真正赢得了家长的尊重，家长也会更好地来配合教师教育好孩子。

教师严格要求学生是本分，但严格不是“多多益善”，也不是“穷追猛打”，更不是让学生“战战兢兢，如履薄冰”。

“李佳琦们”的辛酸，不妨说给学生听听

2020年7月，人社部等部门发布了互联网营销师等9个新职业信息，其中互联网营销师职业下增设“直播销售员”工种。于是，在网络直播带货的“李佳琦们”正式转正，不再有“不务正业”之感。

对于淘宝网红带货主播李佳琦而言，2019年11月他曾遭遇网络舆论危机。在2019年“双十一”前夕，李佳琦在直播现场推荐某款不粘锅时被现场打脸，他大力推荐的不粘锅竟然是“真粘锅”。这件事也引发了公众对网红直播带货的热议，认为靠自身口碑的网红必须珍惜自己的羽毛。

撇开李佳琦这次直播中的“翻车”，他也一直备受公众关注。前段时间，一篇题为《李佳琦月赚80万：这个时代，你再努力拼不过这种人》的文章在微信上刷屏。而且标题上除了“李佳琦月赚80万”外，后面还有各种不同的说法，比如“比穷更可怕的，是

你看不清这一点”“未来三年，这门上千亿市场的生意全面爆火!!”等等。毫无疑问，李佳琦是当下网红带货主播中的“战斗机”，他正书写着网络时代致富的“神话”。

在网络上做做直播，卖卖东西，居然有这么高的收入，真的是招人羡慕嫉妒恨呀！为此，很多人把做网红作为自己的人生目标。2016 年，北京市对多所学校小学生的抽样调查显示，10 人中有 8 人长大了想做网红，甚至有家长还为孩子报网红培训班。也有人对“95 后”调查“最想从事的新兴职业”，想做网红或者主播的占到了 54% 的比例。在很多人看来，做网红是很拉风的一个职业，比当明星还容易，不仅门槛低，而且收入可观。

2019 年的“双十一”，10 秒钟卖出 10000 瓶洗面奶；15 分钟卖出 15000 支口红；5 个半小时直播营业 353 万——可见李佳琦的网络影响力真的非同一般。

李佳琦是网络直播带货从业者中的佼佼者，位于一个行业的金字塔的顶端，据说已成为淘宝直播的三大巨头之一。其实，根据“幸存者偏差”理论，我们只是看到了那些成功的网红，而那些被“拍死”在沙滩上的倒霉蛋，自然就销声匿迹了。这样，也造成了学生认为当网红很容易的假象。

“人民日报·海外版”微信公众号“侠客岛”上的一篇文章认为，如今的网红经济，早已脱离任由网红自然生长的原生态阶段。为了保持网红们“长盛不衰”，资本积累和商业运作早已在秀场后台深深扎根。越来越多的网红被公司化经营管理，他们背后是数以百计的工作人员选品、创作、推广。因此，通过大浪淘沙，留下的

“李佳琦们”，都是被资本和市场淘洗过的“金子”，是与平台博弈后胜出的赢家，自然都能在直播带货中创造让人难以想象的销售业绩。

可见，李佳琦今天的风光，除了自身的特质和努力外，背后也是资本的力量，他身后有300多人的运营团队。在直播间卖力吆喝的李佳琦不是一个人在奋斗，而是300多人团队的代言人。

有人结合李佳琦的“不粘锅”事件，写了篇题为《李佳琦翻车：出身不硬的人，更要走得稳》的文章，读来很发人深省。这篇文章中提到，直播崛起的风口下，男生卖化妆品的跨性别，和网红用嘴唇为顾客试色的亲民，配上李佳琦那张俊秀的脸，让他很快成为坐拥全网5000万粉丝的大咖。2018年“双十一”，他和马云比赛卖口红，最终战胜马爸爸，成为网媒竞相报道的神话。可见，李佳琦的神话本身就很难复制。

尤其值得注意的是，李佳琦并不轻松，他没有自由，也不能自主安排自己的人生。据介绍，一年365天，他直播389场。为防止在直播中睡着，他会让助理给他打来一盆凉水，把双手放进去提神，然后继续直播。他每天不停地说话，让他患有严重的支气管炎，需要携带“救命药”清嗓子救场。因为怕掉粉，他生病时仍坚持开播卖货，高烧不退也不休息。由于长期的身体透支，他的体重急剧下降到108斤。因为直播需要，他每天凌晨4点才休息。如果不说这个人是李佳琦，而是介绍他的日常，相信很多人都不愿意过这种生活。

“你休息的时候，别人没休息，他就会比你更好，你就会掉粉丝，就会被超越，所以不能让自己停下来。”李佳琦的内心自白，充分说明了他表面风光背后的无比辛酸。正所谓，选择了一个职业，就选择了一种生活方式。对“李佳琦们”的辛酸和不易，教师不妨讲给学生听听，让学生对网红有更客观理性的认识。

成功是奋斗出来的，“李佳琦们”正是抓住了互联网时代的风口，通过自己的奋斗，成为很多人心目中的成功者。当然，这种奋斗是以透支生命为前提的，对此不同的人有不同的看法。只要他们脚踏实地，诚信经营，他们同样是新时代的奋斗者，他们的劳动成果是应该获得认可的。

客观地说，“李佳琦们”成功背后的那些事，是教育人可以利用的社会热点中的教育资源。教师用好这样的资源，也是一次对学生开展职业生涯教育的契机。

当学生认识到“李佳琦们”首先是浪里淘沙的幸运者，而且对他们表面的风光和背后的不易有客观的认识后，对网红的盲目崇拜自然会减少，也会减少追求成为网红的现象。因此，“李佳琦们”背后的辛酸，教师不妨说给学生听听。

微商，教师还是不做的好

2020 年 7 月，浙江省乐清市某小学教师因为做微商被家长举报而被立案处理，这件事在网上引发了热议。关于教师能不能做微商，又一次在网上引发了大讨论。

近年来，多地教育行政部门曾对教师做微商“亮剑”，对教师做微商的行为予以叫停，福建省晋江市教育局的做法曾在全国引起较大反响。2017 年 3 月，晋江市教育局下发《关于开展教职员工从事“微商”等营利性活动问题自查自纠工作的通知》，要求各单位召开全体教师教职工大会，进行宣传动员，对照相关规定，对本单位教职工从事微商的营利性活动情况进行调查摸底，开展自查自纠。对存在的问题，且未自行整改的教职员工，由该局、晋江市纪委派驻教育局纪检组调查处理。

当时，笔者也曾关注过晋江市的做法。毫无疑问，晋江市教育局的这个通知，对教师做微商的行为亮起了红灯，是对这一行为的明确叫停，是非常值得肯定的一项教育治理举措。由于微信的普及和微信朋友圈的广泛使用，作为基于微信生态集移动与社交为一体的新型电商模式的微商就应运而生了。不少人进入了门槛不高的微商的行列，其中也有教师。但是对于教师是否可以做微商，此前也没有明确的规定，不少地方的教育行政部门往往从师德方面倡导教师不要做微商，也很少听到教师做微商而受到处分的消息。而晋江市教育局的这一规定，明确叫停教师做微商的行为，非常有意义。尽管该局的做法引起了很多争议，但我认为这个叫停很及时，教师的确不适合做微商。

支持教师做微商的一派认为，教师只要不在工作时间做微商，就是自己的自由，学校和教育行政部门不应越权管理。也有人认为，教师的收入不高，做微商可以增加收入，提高生活质量。但是，从教师的工作性质来看，真的不应该做微商。因为选择了一种职业，就是选择了一种生活方式。

教师做微商会影响正常工作，这是一个毋庸置疑的现实问题。教师工作忙碌是一个客观现实，总有很多教师说自己工作太忙而没时间读书。试想一下，教师本来业余时间就不多，那么做微商的时间从哪里去挤呢？如果教师在做微商上花不了多少时间，那么也没多大效益，难不成就当成是体验生活吗？而且一旦做上了微商，就不得不惦记自己的生意，难免在上班时间也会出现“身在曹营心在汉”的现象。做微商手机上就可以操作，一个人一旦做上了微商，很难做到上班时间不及时处理相应的生意，否则也会因“怠慢”顾客而缺乏好口碑。这次，乐清市的那位做微商的教师被家长举报，就是因为上班时间在朋友圈里发广告。“上午 9 点正是上课时间，也在购物群里发广告。一天发几十条，老师自己赚钱不亦乐乎，可我们家长的心都在颤啊!”试想，家长拿着这样的证据进行举报，教师连招架之力都没有呀！可见，教师一旦走上微商之路，影响工作也是必然的。

教师做微商会影响自身的形象。做微商肯定要推销自己的产品，而发朋友圈是最常见的推销方式。试想，当家长知道自己孩子的教师总是忙着做微商，会对这样的教师放心吗？尽管有些教师自称是弱势群体，但教师在学生和家长面前还是相对强势的，教师做微商也会涉及一些“权力自肥”。在某阅读论坛上，笔者曾听到一位某名校女教师开某网上加盟店推销图书的心得，说自己几个月就赚了七八千。据说，只要有人通过她分享的链接购买图书，她就按规定享有提成。而事实上，她把这些书是推荐给学生家长的。面对老师的推荐，有些家长碍于面子不得不买。那么，这位教师的行为是否有“以权谋私”的嫌疑。教师向家长推荐优秀图书本来是好事，但是因为有了商业利益的存在，很多事情就都说不清楚了。

教师做微商会影响教师团队。教师之间是会相互影响的。如果对于某些教师做微商的行为，学校和教育行政部门不闻不问的话，可能会引起一些教师的效仿，会导致更多的教师不安心本职工作。或许大家日常交流的就不再是教育教学问题了，而是如何念好“微商经”了。即便有些教师不做微商，也会因为自己付出多而感到心理不平衡。因为，人最容易对比的就是身边的人。如果教育行政部门对教师做微商的现象放任不管的话，教师的整体风气就会变得不尽如人意，这也是“破窗效应”告诉我们的。

晋江市教育局这次对教师微商行为的叫停，并且持有中纪委的“尚方宝剑”，是理性和可行的。通过学校和教师自查自纠的形式，给教师一个自我纠正的机会。但是，如果教师再明知故犯的话，那自然就是自己踩雷了。

在今天这个信息时代，晋江市的做法会引起网上的热议。或许，这个做法会成为一个标杆事件，具有“风向标”的意义。

其实，《人民日报》在2018年也发过《应该明令禁止教师做微商》一文。这篇文章中提到，对于教师能否做微商，几乎所有的家长都持反对态度。教师是不应该做微商的，做微商有个特点，就是要随时跟客户联系，回答客户的各种问题，特别耗时间、耗精力、费心思。

可见，对于教师而言，做微商真的很不符合自己的身份，也不利于自己做好本职工作！微商，教师还是不做的好！

别以“泡沫”的名义对名师“污名化”

近年来有不少雄文，将矛头对准中小学名师，比较有代表性的是2017年3月中国教科院研究员储朝辉《“名师”竟然成了教育最大的“泡沫”！请走出“名师”回归“良师”》一文。这篇文章在“当代教育家”微信公众号首先推送后，被多家新媒体转发。随即，中国教育报刊社旗下中国教育之声网站刊发《“名师”泡沫有多大》，进一步阐释“名师泡沫说”。

2018年年初，《中国教育报》《中国教师报》也对“名师保质期”这个话题进行过讨论。相关讨论认为，有些人一旦获得名师头衔，便不再求进步，成为过期或者变质的名师。

尽管各地名师培养过程中存在着一定问题，但名师“成为教育最大泡沫”的说法让很多名师躺枪。不少名师是兢兢业业在教育教学岗位上坚守的优秀教师，他们有智慧、有情怀、有追求，他们是中国教育的脊梁。

名师能否打造，一直有争议。究竟什么是名师，其实也没有统一的说法。然而名师群体已经被污名化了。

相关文章中提到名师是有级别的，有国家级、省级、市级、县级和校级，这种金字塔型的划分逻辑，让很多人觉得荒谬。因为除了由各级部门授予的名师头衔，还有很多“草根”名师，他们不一定被所在区域或学校关注到，但以数字化生存的方式活跃在各大论坛、QQ 群、微信群中，在这些圈子里有一定的号召力和影响力。

客观来说，名师是靠自身实力来说话的，其中有的名师通过评审，被教育行政部门认可。以宁波市为例，宁波市名师评选为三年一届，各县（市、区）推选参评教师的时候，也总是按综合实力来通盘考量。这样评选出来的名师，专业水平本身就是非常优秀的。

有影响力的教育媒体或出版社，也有能力让一些教师带上“名师”的光环。比如教育部微信公众号“微言教育”曾在 2015 年教师节期间推出“名师说”栏目，采访和发布了顾明远教授等人的观点，那么这些栏目的主人公就有被称为“名师”的资格。

名师的定义应该是：有影响力的优秀教师。名师评选只是将一部分教师确定为名师的途径之一。储朝辉等人倡导“不做名师做良师”，这跟以前有人提出的“不做名师做明师”，本质上没什么大区别，只是表述上不同而已。

除了“名师”，当然还有其他的称呼，比如“精英教师”。深圳市南山区教育局倡导全区教师争做精英教师，局长把美国教师雷夫称为精英教师的典范。

其实，名师、良师、精英教师、卓越教师、特级教师……这些称呼并不重要，关键在于他们作为一名教师拥有怎样的日常。在2013年教师节系列评论中，有一篇《今天，我们需要什么样的教师榜样》，提到榜样教师需要具备以下三个特征：其一，拥有令人折服的专业能力；其二，拥有广泛的教育影响力；其三，拥有幸福人生。

因此，用名师来统称优秀教师，是很多地方一种不成文的习惯。比如各地组建的“名师工作室”，让名师发挥好传帮带作用，让同行受益，更让学生受益。

时代呼唤每位教师都可以向优秀靠拢，让更多优秀教师涌现出来，为教育事业服务。为了造就一支人民满意的高素质、专业化的教师队伍，“名师泡沫说”可休矣。

“人民教育”微信公众号曾转发过原国家督学、著名教育学者成尚荣先生的《名师成长要回归人的本源，焕发生命的光彩》一文。作者反思了各地名师培养过程中“被发展”“功利性过强”“计划性过强”等问题，但并没有否定“名师”这一提法。成尚荣先生对如何促进名师成长进行了思考，提出了很多建设性的建议。这样的思考是整体的、理性的，对如何看待“名师热”有很大的参考价值。

2020年7月，《中国教育报》头版刊发了4篇关于名师工作室的新闻观察，在全国引起了较大的反响。7月22日，《中国教育报》头版头条以《“名师孵化器”在行动》为题，推出了全国名师工作建设情况系列调查的首篇报道。在编者按中，作者把各地的名师工作室称为专业学习共同体。目前，名师工作室正成为培育骨干教师的“特种部队”、教学改革的“试验田”和区域教育均衡的“催化剂”。据介绍，《中国教育报》专门成立了名师工作室采访团队，历时两个月调研采访，梳理全国各省份的名师工作室，采访多个名师工作室的主持人、成员，教育主管部门和学者专家。应该说，这个系列报道对于进一步推进名师工作室建设有很大的参考价值。

那么，没有名师，何来的名师工作室呢？没有一个名师，怎么形成一群名师呢？

其实，在很多地方，名师只是约定俗成的说法，说白了就是有影响力的优秀教师。何必在名师、良师这样的称谓上纠结呢？包括教育部教师工作司倡导的铸造“大国良师”，本质上也就是培育有影响力的优秀教师。

在今天这样一个时代，呼唤更多的优秀教师脱颖而出。或许正是通过各类名师工作室的建设，通过名师团队的传帮带，会形成更多的名师。如果按照某些专家所言，那么《中国教育报》报道的名师工作室，岂不是“泡沫”制造机了。

当然，名师们也要珍爱自己的羽毛，注重自己的言行，不要玷污名师的名声。

做好本职工作是教师的第一要务

2018 年 8 月，厦门市某中学教师阮某某辞职的信息在各类社交媒体上引起了广泛的关注。最初，该教师在自己的微信公众号上实名推送了给该校校长的公开信，并专门声明“本文实名认证，不惧后果”。随后，该校校长也在网上发布了对这封公开信的回应。自阮某某发布给校长公开信后的第三天，她就公开表示已正式辞职。

笔者留意到，在本次厦门市某中学教师和校长的“互怼”中，各类社交媒体并没有出现一边倒的舆论倾向，有人力挺阮某某老师，也有人力挺该校校长。也有不少人表示，就因为这件事，阮老师贸然辞职并不理性。可见，这件事本身就有探讨的价值。

笔者无意对本次争议中的教师和校长孰是孰非进行评判，但这件事中所提到的一种现象非常值得广大教育工作者思考。

阮老师认为自己很优秀，很有才情，因为她出版了关于《世说新语》的研究专著《乌衣巷口夕阳斜——〈世说新语〉人物漫笔》，关于现代作家萧红的作品和人物研究《一钩新月天如水——现代作家萧红的三维品鉴》，尤其是第一本书还得到了不少专家的肯定。此外，她还多次在诗词大赛中获奖。

客观地说，一名教师能在文学研究上有特长，并能得到专家的肯定，这无疑是好事。但阮老师因为自己的这些成果没有得到校长的承认而耿耿于怀。那么，类似于阮老师这样的成果算不算教师的业绩，这是值得思考的。阮老师自身的业绩观和学校领导所持的业绩观并不一致，这样才有了本次争议。

北京十一中学校长李希贵在《面向个体的教育》一书中有《教师的业绩在哪里》一文。李希贵认为，一名教师的全部使命就是教书育人，他的业绩理应由他的学生来体现。只有他所教育的学生的成长，包括德、智、体、美的全部增值，才能称为教师的业绩，舍此无他。而开设公开课，发表文章、著书立说当然也是我们十分看重的事情，因为这些可能会影响一名教师的未来素质，但无论如何，这些都不能算作今日之业绩，更不能将这些项目的得分与教师真正的业绩，也就是他们所教学生的成长简单地加在一起。

当然，十一中学并不忽视教师在学术领域的进步，他们把教师的业绩和教师的学术素养分类奖励，让教师明确自己的本分，并走正专业成长的道路。

可以说，教师的本职工作是教书育人，那他的业绩也要体现在教书育人上。而教师做科研，写论文，提高自己的学术水平，是要服务于教育教学这个本职工作的。从另外一个层面上来说，教师的专业成长，最后也要反哺学生的发展。正所谓，君子务本，本立而道生。每一位教师首先要做好自己的本职工作。

有些教师课上不好，学生成绩也不好，但发表了很多篇的论文。毫无疑问，这样的教师在学校并不受领导和同事的欢迎，也算不上好教师。江苏省特级教师黄厚江认为，如果一位特级教师连课都上不好，那么他发表再多的文章也没用，这的确也抓住了问题的关键。

当然，不同的教师工作重点不同，这个本职工作并不一定要侧重在课堂教学方面。比如，一所大型学校的总务主任，最重要的工作职责是为学校提供优质的后勤保障服务。如果一所学校的后勤服务工作做得一团糟，而这位总务主任经常在各类刊物上发表做好学校总务工作的相关经验。毫无疑问，这位总务主任在本职工作上算不上合格。同理，如果一位校长把学校办得一团糟，而他却经常在各类刊物上发表学校管理的经验，这样的校长，自然也称不上好校长。换个角度，如果一位校长踏踏实实把学校办得很好，即便没有任何的管理论文发表，人家也不会去指责他。当然，一个校长在办好学校的同时，又能经常总结提炼学校办学的经验和方法，能写出管理论文公开发表，这样自然是锦上添花的事了。

中小学教师如能结合自己的教育教学工作，做点研究，写点文章，这自然是一件好事。但是，如果一位教师醉心研究而误了教育教学工作，这就等于荒了责任田，本末倒置了。笔者以前所在的仁爱中学，为鼓励教师参与教科研，曾经出台过“教师教科研工作量制度”，把教师在区级以上发表获奖的各类文章折算成教科研工作量，并实行封顶制度。一个教师拿到的最高教科研工作量，相当于标准教学工作量的十分之一。如果同样教两个班数学的教师，一个没有科研工作量，一个拿了科研满工作量，就相当于每周多上了一节课。这样的做法，既引领教师要重视开展教育教学研究，同时又明确自己的工作重心在哪里。

现实中也有一种不好的倾向，有些教师以教书育人是教师的天职为借口，拒绝教育写作，这样也进一步加剧了对职评论文的批判。事实上，职评中有论文要求的逻辑起点是希望教师通过阅读和写作来促进自身的专业水平，来更好地促进教书育人工作。因此，把教书育人和各类促进教师素养提升的举措简单对立起来也是不合理的。

做好本职工作，应成为每一位教师的第一要务。在做好本职工作的基础上，其他的各类成果都可以为你加分，这样学校领导对你的评价自然也不会差。从这个角度来看本文开头所说的那个争议，自然就有了一种豁然开朗之感。

职称本无原罪，何必大力诋毁

2018 年下半年，某网红教师在其微信公众号上推送了《珍爱生命，远离评职称》一文。毫无疑问，这样的一篇“标题党”文章，自然会引发一众粉丝的热捧。客观地说，中小学教师职称评审，存在一定的不足，但是把远离评职称跟珍爱生命结合起来，未免夸大其词了。毕竟，跟在“珍爱生命”之后最常见的是“远离毒品”。一位知名的特级教师，并加持苏州教育名家头衔的公众人物，写这样的文章来迎合某些教师读者，真的有点匪夷所思了。

关于中小学教师职称制度的利弊，其实也不是什么新鲜事。早在十多年前，中国教育报等多家媒体就讨论过。中小学教师的职称评聘主要有两个环节，一是获得任职资格，二是获得聘任。教师获得任职资格并获得聘任后，才能真正享受职称带来的实惠。

在中小学教师职称的评聘上，有评聘分离和评聘结合两种做法，目前根据国务院的规定，实行的是评聘结合的方式。不管是评聘分离，还是评聘结合，每所学校的高级、中级、初级的岗位是有一定比例的，教师享受实际的职称实惠是在核定的岗位结构之内的。以前评聘分离的时候，有不少评上高级职称的教师，由于学校没有岗位，就一直处于待聘的状态，无法享受高级职称的待遇。但评聘结合后，如果一所学校没有岗位，教师再怎么优秀，就连评高一级职称的资格都没有。

由于现在中小学教师职称上实行评聘结合的方式，因此就必须在这一框架下去思考和讨论相关的问题，否则就是空谈。而且，这也不仅仅是教育系统的事，而是各行各业的专业技术人员面对的共同问题。

现在，有不少人提及中小学教师职称评聘中存在很多不公正的地方，比如职称评聘中领导滥用职权、评选不公等问题。事实上，这些问题并不是职称评审本身固有的，而是当地存在的不正之风所造成的。因此，在不少地方，绩效工资改革、县管校聘同样也会面临类似的问题。

笔者曾在中学工作 15 年，见证过很多教师评职称的经历，自己也亲身体验过。不少普通教师，到了规定的年限参加职称评审，因为相关条件都符合，自然也就很顺利地评上职称了。即便是在实行评聘结合的情况下，学校的名额有限，而学校也是制订了合理的评选细则，想参评的教师在校内公平竞争，胜出者去参加职称评审。但教师如果没有评上职称，则两年内在本校没有资格参加职称评选，这样的做法，大家也都是认同的。

关于职称评审，笔者以前曾看到过一个形象的说法，那就是提前买好车票，这样车来了就可以顺利上车。买好车票是个比喻，其实就是根据职称评定所需要的条件做好最充分的准备，这样一旦有机会评职称，自然就不会手忙脚乱了。

尽管近年来有不少地方在职称评聘中加入了农村学校或薄弱学校支教、或有多所学校工作经历等要求，但有一点必须正视，职称评定的大体要求是事先就告知的。笔者参加工作以来，每年的职评季节，学校都会公布当年各类职称评定的要求。现在相关的职评文件在网上都可以找到，教师只要做个有心人，就能很清楚地了解职评的要求。

客观地说，在教师职称评审的限制性条件上，有着放宽的趋势。在职称评审上，最容易成为拦路虎的就是论文。我刚参加工作时，当时宁波市评副高的条件是要有两篇公开发表的论文。这个硬杠子的确也挡住了不少人，也让有些教师确立了一辈子只当个中级教师的念头。但后来，这一条件就放宽到只要一篇公开发表的论文即可，再到后来，即便没有公开发表的论文，但只要有两篇获奖论文（县级一等奖，市级二等奖，省级三等奖）即可。到 2020 年，论文的要求进一步降低，只要两篇县级二等奖以上的论文就可以了。各级的教研部门，每年都举行学科论文评比。这样，教师达到论文门槛的途径就变多了，实现的可能性就更大了。另外，论文在整个职称评审上所占的比重并不大。有的教师论文刚刚达到门槛，因为其他方面突出，也都顺利评上副高了。

事实上，一个平常认真工作，重视自己专业发展的教师，在职称评审上是不需要有畏难情绪的。只要根据职称的要求，在规定的年限内逐步积累并达到要求即可。

有一位经常当职称评审的评委教师认为，他所在地的职称评审是能选优淘劣的，并不像有些人说得那么不堪。对于教师而言，自己该有的荣誉和职称就应该争取，只要正当地去争取就好。一个有实力和有准备的教师，那么多难干的工作都干过来了，就准备一些评审材料和面试、上课，有那么难吗？

客观地说，这位评委的话说得是比较公允的。在现实中，对于普通的中小学教师而言，职称跟经济利益挂钩，是最实惠的。在做好教育教学工作、用心服务好学生的同时，根据职称评选的要求来提高自己，何尝不是一种职业发展规划呢？比如《浙江省中小学教师职称评价指导标准（试行）》就明确规定了各级职称要达到的要求，这其实也是教师专业发展的一种努力方向。

在中小学教师职称评聘结合的当下，并不是每一位教师都能按照自己的规划去评高一级的职称。但是，职称的条件就摆在面前，只要自己用心准备，符合该达到的条件，一旦机会来临的时候，不就水到渠成了吗？

因此，对于中小学教师来说，在用心做好自己本职工作的同时，用平常心去看待评职称即可，根本不需要远离。“珍爱生命，远离评职称”的说法真的是危言耸听了，也让职称背了锅。

“妖魔化”教师培训不可取

2018 年 8 月，江苏某名师在自己的微信公众号上推送的一篇题为《我们一直在“继续”，从未受“教育”》的文章，直言不讳地称继续教育快变成笑话了。这篇文章得到了一众粉丝的大力追捧，不少人在这篇文章后留言，对当下的中小学教师的继续教育进行猛烈抨击。

笔者认真阅读了这篇文章，觉得这篇文章更多的是情绪的宣泄，缺乏理性的分析，甚至对当下的中小学教师的继续教育政策也缺乏了解，有刻意迎合部分教师的味道。

客观地说，当下的中小学教师培训的确存在一定的问题，质量不高的现象也存在。但片面地说现在的继续教育内容学非所用，自欺欺人，被一线教师嗤为心头大患的说法则是言过其实，甚至有种恶搞的意味了。作为一个在全国具有一定影响力的知名教师，写这样的文章，“妖魔化”教师培训，会让更多的受众对参加培训有抵触心理，并不是什么好事情。

现在各级教育行政部门都非常重视教师的专业成长，而培训就是促进教师专业成长的一种重要路径。上至教育部，下至县级教育行政部门，都有相应的负责教师培训的部门，从全国到各县（市、区），也都有相应的教师培训机构。无论教育行政部门的业务部门还是各级教师培训机构，在教师培训上总是有所作为，有所追求的。

早在2010年，浙江省的中小学教师继续教育，就变身为中小学教师专业发展培训了。2010年和2016年，浙江省教育厅先后发布了《浙江省中小学教师专业发展培训若干规定（试行）》和《中小学教师专业发展培训学分制管理办法（试行）》，进一步规范中小学教师的专业发展培训，努力提高培训的针对性和实效性。

江苏那位名师所抨击的“校本研修基本上不算什么学时，属于后娘养的”说法，简直就是信口开河。江苏省前几年就出台了《江苏省教师培训学时认定和登记管理办法》，明确规定每年的校本培训最多可折算18学时。事实上，江苏省可以折算继续教育学时的项目非常多，主要分为学历提高、课题研究、公共培训这三大类。教师参加各类课题研究，县级以上发表论文，在优质课评比中获奖，都可以折算继续教育学时，从这个意义上来说，要拿到规定的培训学时，教师要专门参加培训的时间并不多。一个在业务方面比较突出的教师，每年都可以拿成果折算不少的学时。

目前，浙江省的中小学教师参加专业发展培训，首先要在省教师培训管理平台上选课，此后及时参加培训并完成相应作业后，培训组织部门就会给予相应学分。每个教师随时都可以在教师培训管理平台上查看自己的学分。浙江省以五年为一个教师发展培训的周期，总共需要360学分。其中，校本培训每年可以折算24学分，这样，五年就120学分，占了总学时的三分之一。浙江省不少地区，是把学分培训和教研活动结合起来的，也就是说教师参加学科教研活动，也就等于同时参加了教师专业发展培训。对于教师而言，有点压力的就是每五年要参加一次90学时以上的集中培训。从上一轮的教师专业发展培训来看，要顺利完成培训也不难。

现在浙江省的教师在专业发展培训上有不少的自主权。只要学校同意，教师可以在省平台上选择自己感兴趣的培训。很多培训是有助于提高教师的综合素养的，比如传统文化、修身养性、心理健康，等等。而且，新出台的学分制管理办法，在教师的培训上，按初级、中级、高级分类培训，每一类有不同的培训要求，更加注重针对性和实效性。

我们常说，校长是教师专业发展的第一责任人，这是写在相关的规定上的。但是，对于每一位教师而言，自己才是专业发展的第一责任人。可以说，在职参加培训，既是自己的一项权利，也是一种义务。

术业有专攻，在教师培训上，我们不妨听听培训专家的观点。教育部“国培计划”专家库成员、北京教育学院副院长汤丰林教授在《教师培训：理性与实践的核心关注》一书中指出：我国的教师继续教育工作大致经历了三个阶段：一是以学历补偿和知识补充为主的“生存”阶段；二是以知识更新与能力提升为主的“福利”

阶段；三是以日常培训或培训常态化为主的“义务”阶段。其实，目前的教师培训早就进入第三阶段了。从这个意义上来说，教师参加培训其实就是自己的一种生活方式。

现实中，不少教师对培训的要求就是实用和可操作，因此对于一些教育理论和综合素养方面的培训并不感兴趣，认为这样的培训是无效的。在这一点上，培训专家认为，如果我们只是一味追求“有用”，而忽略了教师这样一种高智慧工作的特殊性，忽略了一个优秀教师的成长需要深厚的专业素养和丰富的文化积淀，可能会让我们的培训在针对性和实效性的诱导下陷入功利主义的误区，最终可能会使参训教师陷入更加浮躁的状态。

从这个意义上来说，教师也要调节自己的心态，要认识到有些“打底子”的培训的意义，进一步增强自己参与培训和自主学习的动力，让主动成长成为自己的一种文化自觉。

中共中央、国务院《关于全面深化新时代教师队伍建设改革的意见》中明确指出，建立健全地方教师发展机构和专业培训者队伍，依托现有资源，结合各地实际，逐步推进县级教师发展机构建设与改革，实现培训、教研、电教、科研部门有机结合。我所供职的单位就是这样的四结合的教师发展机构。为此，如何发挥“四位一体”的优势，更好地为教师提供优质的培训服务，也成了本单位的努力方向。

在教师培训已经常态化的今天，如何借用外部的力量来更好地促进自己的学习和成长，这才是教师的理性选择。“妖魔化”教师培训，这是不可取的。

教师微信公众号不能沦为“教育营销号”

2020 年 6 月，《教师博览 · 原创版》就教师如何建设自媒体做了期专题，笔者也参与了这次专题的征文，并发表了《教师自媒体建设不能忘了初心》一文。

2019 年 6 月，《教师博览 · 文摘版》刊发过《你究竟读过多少假文章》一文。这篇文章提到，现在自媒体上推送的很多鸡汤文就是假借名人名义的“伪文”。而且，发布此类文章的平台多是美容、房地产之类的营销号。因为在自媒体时代，流量至上，流量的背后其实就是经济利益。

现实中，不少家长和学生就是被培训机构炮制的软文加剧教育焦虑的，有些自媒体上刷屏的文章的出处就是培训机构的一些营销号。运营微信公众号是能盈利的，某位微信公众号运营者曾发布了他的一篇心得体会。据介绍，他自营的公众号粉丝有 9 万，开通运营的一年多时间里，基本上坚持做到了每天推送，以鸡汤真理、生活趣闻、休闲娱乐为主，如今依靠订阅号每日的推送，月收入也能达到7000元，已经完全能满足日常的生活需求。

现在，有不少教师开通了微信公众号，其中不乏一些影响力很大的名师。前些年，因为有些教师运营公众号成网红的消息曾引发过公众热议。对于教师运营公众号，有支持的，也有反对的。支持者认为，教师利用业余时间运营公众号，完全是自己的自由，别人不应该说三道四。反对者认为，教师运营公众号，要投入很多的业余时间，尤其是那些做到每日更新的教师，势必会影响到本职工作。

其实，教师开通并运营自己的公众号，有不同的玩法，不能一概而论，要根据具体情况分析。目前，教师运营公众号主要有以下几种：

一是自娱自乐型。教师在自己的公众号上推送自己的文章，没有固定的更新周期，很随意。因为大多发表原创文章，有些教师开通了打赏功能。其中，有些教师虽然开通了流量主功能，但坚守不发软文、不接广告的底线。

二是原创收益型。有些知名的教师，自己运营自己的公众号，基本坚持每日更新，开通了打赏功能，成为流量主，并且直接发推广软文。有些教师由于知名度比较高，拥有较多的粉丝，基本上是自带流量。有些教师虽有一定的知名度，但为了吸引更多的粉丝，在初创时期，需要“语出惊人”，通过一些爆款文章来增粉。比如，《中国教师，已经到了最危险的时刻》《家长操刀评老师，丧钟为谁而敲》《当教师拿起戒尺，就很有可能要吃官司、蹲大狱》。这样的文章，往往结合热点事件，以为教师“鼓与呼”的名义，刻意迎合教师，赢得更多的粉丝。但这样的文章，往往情绪成分大，理性不足，但写作者又具有较大的影响力，因此容易误导读者。

三是主题运营型。有的教师业余时间运营公众号，除了少数自己的原创文章外，大量转发他人的文章，扩大公众号的影响力，并开通打赏功能和接广告业务，也发软文。然后，公众号运营者把这些文章的链接发布到很多的微信群中，吸引更多的点击量。现在这样的公众号也不少，这一类的公众号直接可以化为教育营销号了。有些在公众号上直接注明了欢迎投稿和商务合作。这一类的公众号，有的每天就推送 8 篇文章，一点儿都不浪费。

还有一种也不大好分类，就是专门蹭热点，收割流量。比如当全国各地发生教师维权事件时，这样的为教师代言的文章往往能吸引较多的流量。

知名教师李镇西的“镇西茶馆”，就是一个比较典型的原创收益型的微信公众号。因为他自身知名度较高，很多的粉丝都是从他的博客带过来的，可以说他是自带流量的微信公众号运营者。他的微信公众号，打赏、流量主功能均开通，并不定期推送软文。以 2019 年 5 月为例，“镇西茶馆”至少发了 6 次软文。其中，有一次推送还专门指出是为好友华应龙的活动免费做个广告。可见，其他的广告都是要收费的。

在这一点上，李镇西老师非常坦诚，他的微信公众号上有声明：本茶馆不定期会有广告文案，我早有说明，请感到不适者自行离去，并附上了《直言不讳答网友：我不会接受任何道德绑架》一文。他说自己不接受道德绑架，因为推出广告不违法，不妨碍谁的利益。

事实上，运营公众号需要花费很多的时间，为此有人指出教师运营公众号会投入过多精力，影响正常工作。尤其是坚持每日更新原创文章的教师，会面临很大的压力。

前几年，微信要开通流量主功能需要较多的粉丝量。但现在这个要求逐步降低，从最初的 10 万逐步下降到 5 万、5000，目前调整为 500，让“小而美”的公众号也有了更多收入的机会。

据介绍，微信公众号已开放底部广告、文中广告、返佣商品广告、互选广告（仅对受邀公众号开放）四大流量位，花样激励公众号文章创作者。

尽管流量主开通的门槛降低了很多，但是广告的收益跟活跃的粉丝是有很大的关系的。有些教师为了吸引粉丝，就要加快更新文章的频率，有的甚至坚持日更。而很多调查显示，中小学教师的工作非常忙碌，教师远离阅读和写作也是因为工作忙碌。那么，这些教师能坚持公众号日更，有些教师自己用心打理“教育营销号”，真的算是超人了。微信本来就是标题党盛行，为了要吸引粉丝，很多名师的微信公众号文章的写作，就非常夸张。有的刻意迎合教师，有的观点特别偏激，而微信公众号文章的转发，会影响更多的教师。这样的危害，跟那些鸡汤文的盛传也没什么两样。从某种程度上来说，那些原创收益型的教师公众号，也成了“教育营销号”中的一员。

其实，微信公众号的打赏只能是盈利的微小部分，而且也不稳定，往往只有少量爆款文的打赏数量会多一些。从微信公众号的盈利角度来说，这是不稳定的。2018 年 10 月，一篇《教学十九年，我终于辞职了！》的文章在网上刷屏，这位笔名为金小贝的老师在微信上晒出自己的辞职信，讲述了自己教育的故事，让人很有代入感。这篇文章的打赏人数超过 2000 人，而金小贝其他文章的打赏却是寥寥无几的。当然，对于金小贝的辞职，我们不妨也理性地来看待，她因为已经是成功的微信公众号运营者，有了广告等稳定的收入，自然也就看不上原本并不高的教师工资。而这也在很大程度上印证了运营公众号的主要收入来源是广告，尤其是以发软文的方式。目前，她的微信公众号就广发英雄帖，刊发各类来稿，还给刊登的文章发稿费。

相关研究显示，在微信公众号的各类广告模式中，直接发软文的收益最直接。但是，多发软文有掉粉的危险，因此微信运营者在发软文时要控制频率，确保自己的整体收益。知名历史文章写作者冯学荣在自己的微信中透露了自己一年专职写公众号的收入，在近 24 万元的总收入中，接广告的收入占了绝对大头近 20 万元，而文章打赏的收入仅占总收入的 5% 左右，流量主的收入也仅占总收入的 5% 左右。

有一点值得警醒，尤其是有些名师在自己的行业有影响力，他们的软文对读者的诱惑力会比较大，从某种程度上来说，这样的精准广告，容易误导公众。

《教育部正式宣布：9 年义务教育大变动！与孩子息息相关》《教育部下令！未来不懂这个的孩子注定掉队》《教育部紧急通知：

中小学将新增这些课！家长：真辅导不了》，如果仅看这标题，这些文章的架势真是了不得。其实，这是 2019 年 6 月 4 日，三位知名教师在自己的微信公众号上头条推送的软文，是关于编程培训的广告。现在，中小学生的编程培训虚热，已经引发了家长的广泛焦虑，也有人称编程已成为新的“奥数”。而知名教师在自己的地盘为编程培训呐喊，绝不是什么公益心，而是背后不菲的广告费。

教师利用业余时间来打理公众号，写原创文章，这无可厚非。但是，同样打理公众号，有不同的价值追求。如果打理公众号，奔着经济利益去了，那自然就变味了。

一些知名教师，利用自己的公众号接广告、发软文，这的确不违法，但是总觉得与教师身份不相匹配。我们也不能说这些教师钻在钱眼里了，诚如有些名师所言，教师谈钱并不可耻，可以正大光明来谈。

但是，我们不妨从另一个角度来看，名师的示范作用体现在哪里？难道以“德艺双馨”的名义授予的特级教师称号，就不能对自己要求高一点吗？如果特级教师还直言不讳地说要用微信公众号来创收，那么对其他的教师会起到什么样的示范作用呢？

我们教师也要明确自己的初心，立足自身的本职工作，不做“教育营销号”的附庸。

每位教师都能做像样的课题

在科研兴校、科研强师的追求中，教师人人有课题是否现实？这首先要解决的是对课题的界定。

中小学教师做研究，并非都要立项，并非要追求高级别课题。有了这样的基调，就可以为教师的研究创造条件，加强相关培训，让每一位教师都能做出像样的课题。这样，教师科研是第一生产力的追求才能真正落地。

研究课题未必要立项

“人人有课题，个个做研究”，这是有些学校在推进“科研兴校”“科研强师”过程中的口号。那么“人人有课题，个个做研究”的说法是否靠谱呢？

“个个做研究”体现了教科研的普及化，那么“人人有课题”能做到吗？

其实，“人人有课题”是可以做到的。这里就涉及一个如何来看待课题的问题。在很多人的眼里，课题就是各级课题管理部门立项的课题，而且是级别越高越好。当然，从学校的角度来说，如果能有高级别立项的课题，也能在一定程度上显示学校整体教科研实力。但是，对一所学校而言，能立项的课题毕竟是少数，从这个意义上来说，“人人有课题”就显得有点夸张了。

不过，对于教师而言，所研究的课题未必要立项。换句话说，即便是课题未立项，教师也可以研究得津津有味，可以研究出不少的成果。就笔者本人而言，在工作的前十年，除了工作上需要完成学校的相关课题研究外，我个人没有申报过任何一个县级以上的立项课题。但是，笔者一直在积极进行心理健康教育方面的探索，除了多次在宁波市中小学心理健康教育论文评选中获奖外，还获得过宁波市中小学德育研究成果二等奖，浙江省心理健康教育科研优秀成果二等奖，且多年来一直关注媒体片面夸大学生心理健康问题的说法，发表过多篇相关文章。

2013年上半年，笔者在媒体上看到对宁波市和哈尔滨市两地中学生的心理健康问题的报道：宁波市有13%的中学生存在心理问题，而哈尔滨市则有49.3%的中学生存在心理问题。同一年公布的调查数据，宁波和哈尔滨学生的心理健康状况竟存在如此大的差异！实际上，两份调查报告数据上的“天壤之别”，是机构或学校滥用心理测量表、媒体随意发布心理健康状况调查数据乱象的具体体现。于是，笔者写了《莫做夸大学生心理问题的“推手”》在《中国教育报》上发表。一直到今天，笔者还关注着媒体上关于中小学生心理健康问题的报道。可以说，如何科学理性地来看待中小学生的心理健康问题，是笔者研究的一个课题，尽管一直没有立过项。

所谓课题立项，也就是说课题在相关的课题管理部门挂上了户口，要遵守课题研究的相关流程，需要接受课题管理部门的中期检查、结题检查，结题成果可以参加优秀成果的评选。

以宁波市市级教科规划课题为例，近年来，镇海区每年立项的重点规划课题和一般规划课题在十项左右。那么，区内的中小学、中心级以上幼儿园，如果是轮流坐庄的话，要差不多5年才能轮到一次。而且，目前教科规划课题，在立项申报和成果评审中，都只能写5个人的名字。可见，一个教师要参加市级以上的规划课题研究，真的并不是一件很容易的事。

《上海教育科研》杂志也曾刊登过一篇题为《没有立项的科研也可以很精彩》的文章。作者张人利认为，教师自己喜欢的研究，能立上“正规”课题的寥寥无几。只要教师有自己的研究方案，不一定要立上什么级别的课题，同样可以有精彩的研究成果。

对于中小学教师而言，既可以参与各种立项的课题，也可以自由自在地做自己想做的课题。如果把前者称为“立项式”的研究，后者就可以称为“草根式”的研究。

我国著名语文特级教师钱梦龙在《教师的价值》一书中，以《草根式研究：基层教师的成才之道》为题，介绍了他的语文教学研究的历程。《中国教育报》也曾以《一线教师，做个教育的草根研究者》为题，对中小学教师如何做研究进行了回应。可见，对于大多数的教师来说，根植于自己的教育教学现场，开展各类适合自己的草根式研究，是切实可行的。

当然，教师做草根式研究，并不排斥各类立项课题。教师的草根式研究，如果有了一定的研究基础和研究成果，也可以实现华丽的转身，通过申请立项，成为“有户口”的立项课题，进一步提高研究质量，让自己的研究成果有机会参与相关评审。

近年来镇海区在推进教育科研的群众化和普及化上下了很大功夫，设立了区教科规划课题、区教育学会课题、区教师教育课题这三类集体课题，学校德育课题、课程与教学课题这两类个人课题，上述五类课题已经纳入常态化管理，每年都定期立项和评奖。此外，镇海区还根据实际情况，开设生命教育专项、大数据教学专项课题等。尽管镇海区有那么多的区级课题，但也不是全区教师都有参与区级以上课题研究的机会。

从进一步营造学校研究氛围、激发教师参与研究热情的角度而言，学校可以设立校级层面的课题，让更多的教师在参与课题研究中提高研究能力。在教师课题研究参与面大的情况下，学校可以邀请教科研专家为教师开展教科研方面的校本培训，也可以让教师和专家进行面对面的交流，切实提升教师的课题研究能力。

显然，校级层面的课题在功利方面起不了什么作用，也就是说在职称评审和名优教师考核中没什么用，但对于让教师经历完整的研究过程，激发参与课题研究的热情还是有帮助的。当然，教师在认真参与校级课题的研究过程中，撰写的相关文章如能在县级以上获奖或者公开发表，教师则会有更大的获得感。

教师做校级课题本身不是目的，而是在有意识地做课题研究中提高自己的课题研究能力，为以后开展县级以上的课题研究打基础。

教师做课题，未必要立项。但是各类不立项的草根研究和立项的规范研究之间并不是老死不相往来，而是可以自由转换的。

“小课题”说小也不小

2020 年上半年，笔者在网上看到祝庆东主编的《教师如何做“小课题”》，就买下来做自己的课题研究工具书了。因为对于中小学教师来说，比较适合开展小课题研究；对于笔者来说，需要提高自己在这方面的指导能力，自然得多充充电了。

“小课题”其实有多种说法，有的叫微型课题，有的叫个人课题，尽管不同的表述有不同的侧重，但是就其本质而言，其实万变不离其宗。比如南京市叫个人课题，也就是与学校的集体课题相对应的。可能从具体的操作上来说，个人课题研究的切口比较小，研究周期短。但对于一名教师来说，从个人课题角度而言，可大可小，也可以长期坚持，深入研究。

此前，笔者也组织过全区的教科室负责人共读《教师微型课题研究指南》（第二版），一方面来提高教科室负责人的专业素养，另一方面也通过他们的推动，让更多的教师参与到微型课题研究中去。

目前，宁波市和镇海区两级教科部门，都有德育、课程与教学这两项的个人课题序列。此前，笔者本人也多次申报过宁波市德育个人课题，对这样的研究也深有体会。

所谓“小课题”，就是跟学校层面的“大课题”相对应的，按照上海市教科部门相关专家的说法，学校的大型课题叫“龙头课题”，往往关涉学校的特色创建、整体变革等，需要协调多方面的力量参与。而教师研究的课题，往往是一个人，最多几个人就能完成。

对于中小学教师而言，没有必要在小课题、微型课题、个人课题的称谓上纠结，关键在于做适合自己的研究，如果不想结伴而行，自己单干也不要紧。

目前，关于“小课题”也没有统一的说法。《教师如何做“小课题”》一书中提出：“小课题”指的是教师针对自己教育教学中迫切需要解决的问题或困境，利用各种经验、方法、技术、理论，在教育教学实践中加以研究并解决具体问题、形成个人理论的课题研究形式。

中小学教师做课题研究，尤其是起步阶段，真的不要贪大求全，小课题研究就是一个很好的“练兵场”。有研究者认为，小课题研究关注的是教师个人的教育反思与行为改进，关注的是教师自身问题的解决与经验的提升，往往由研究者独立承担和完成，具有“自我性”的特点。

教师做“小课题”，既可以申报立项，也可以自娱自乐。不过，做“小课题”能得到立项的机会并不多。以宁波市学校德育课题和课程与教学专项课题为例，镇海区内的中小学、中心级以上幼儿园，平均还不到一个。再加上区级的这两类课题的立项，一年内一所学校一般有三五个老师的课题能获得立项就不错了。不过，不管是哪种方式的“小课题”，教师在研究的时候也要采用一定的研究方法。

尽管说是“小课题”，但教师做“小课题”，也不是率性而为的。祝庆东关于“小课题”研究是介于“大课题”研究和教学反思之间的活动的提法非常好。“小课题”研究同样要遵循课题研究的规范，有明确的研究目的与研究内容，采用一定的研究方法研究教育教学中的实际问题。当然，教师做“自娱自乐”的小课题，尽管没有硬性的规范要求，但如果自己真的想做出成效，还是按照一定的规范来做比较好。

说实话，真正做好一个“小课题”也并不轻松，其实在课题研究的流程上跟“大课题”也没什么太大的区别，只是有些方面相对要求低一些而已。比如选题、课题设计、文献综述、研究方法的选用、研究报告的撰写等，都不是很随意的。当然，“小课题”的研究成果也可以多样化，包括形成相关的论文、课例、教学案例等。可以说，教师好好做一个“小课题”，也能“以小博大”，除了改进自己的教育教学工作外，还可以取得多元化的成果。

对于教师而言，做“小课题”尤其是做立项的“小课题”，对自己来说是一个很好的科研训练的机会。做一次“小课题”，就可以经历一次完整的课题研究过程，对参与的教师而言，也可以在这个过程中获得更多的学术援助。有些学校会邀请教科研专家对本校开展各类课题研究的教师进行面对面的指导。为进一步提高区级各类立项课题的研究质量和提高教师的课题研究水平，镇海区会邀请上级教科部门的专家对区级课题和市级个人课题的负责人进行一对一的辅导。以前，笔者还在仁爱中学工作时，因为申报过市级的德育个人课题，就接受过专家的辅导。

到区教科所工作后，笔者作为工作人员一起参与这项工作。参与课题研究的教师，在和教科研专家面对面的交流中，对如何做课题有了更深刻的认识，也进一步激发了做研究的兴趣。正是因为在做课题过程中，体验到做研究的滋味，会进一步激发自己做研究的热情。不少课题负责人在与教科研专家的交流中，因在困惑处得到指导有豁然开朗之感。当然，有过做“小课题”经历的教师，做集体课题也会更得心应手。当更多的教师因为做“小课题”对教科研有了兴趣，那么其所在学校的教师研究氛围也会更加浓郁。这样，更多的教师会形成用研究的态度对待教育教学工作，提高日常教育教学工作的研究含量。

教师真的不能小看“小课题”，“小课题”用心做、好好做，也能促进教师“大发展”。

借力阅读让研究更给力

《浙江教育报·教师周刊》资深编辑池沙洲在一次讲座中曾提到了“五步研究法”。所谓“五步研究法”，其实非常简单，即“读—做—思—写—改”，也就是阅读、实践、思考、写作、修改。尽管“五步研究法”非常简单，但把阅读放在了第一位，这是很值得我们思考的。

《中国教育报》全国“推动读书十大人物”、著名特级教师闫学曾发表过《教师应该怎么读》一文。这篇文章中提到，一个阅读视野狭窄或者根本不阅读的教师，是没有能力做真正的教科研的。教师的科研眼光与判断力从哪里来？从思考中来，从阅读中来。在实践中不断思考，在思考中不断寻求答案，而这个过程都离不了阅读。

闫学老师的这个观点，笔者非常认同，也经常在各类讲座中引用这个观点。其实，这也体现了阅读的价值所在。对于同样一个问题，别人说得比你好，比你到位，你就不妨引用一下。

阅读之于科研的意义是重大的。很多教师觉得没有研究思路、没有研究方向，跟自己缺乏专业阅读是有很大的关系的。因为现实中，很多教师在专业阅读上还是很缺乏的。这一点，很多关于教师阅读的调查报告中都可以得到验证。上海市曾对中小学班主任的阅读状况进行过调查，关于中学班主任的阅读状况的调查报告还被人大《复印报刊资料》全文转载。这说明这个调查还是比较客观可信，有参考价值的。我留意到，研究者对班主任缺乏专业阅读的状况颇感担忧，呼吁班主任要去除浮躁心理，静下心来多读点专业书。我国目前基本上是没有专职中小学班主任的，班主任首先是学科教师，因为班主任的阅读要求要比一般的学科教师高一些。班主任的阅读状况调查，对其他教师而言是有很大的参考意义的。

镇海区的不少教师表示，原先自己基本不看教育专业类的书，在参与“啃读挑战”活动之后，才开始形成专业阅读的习惯。那么，如果他们不是参加“啃读挑战”活动，就不会有专业阅读的意识。

2020 年年初，笔者读到朱永新教授的《教师阅读学的独特价值》一文，深有感触。朱永新教授在文中提到，“教师阅读学”要解决教师阅读为什么很重要、教师应该读什么和教师应该如何阅读的问题，这三个问题也就是教师阅读的意义、教师阅读的内容和教师阅读的方法。在教师阅读的内容上，朱永新教授推荐了新阅读研究所研制的《中国中小学教师基础阅读书目》，包括 30 本基础书目和 70 本推荐书目，这两类书目均分为职业认同类、专业发展类和视野拓展类，这说明教师的阅读内容主要是专业阅读为主。在阅读的方法上，朱永新教授特意强调了要啃读一些重要的教育理论著作，并可以通过参加各类读书组织来结伴而行。

读了朱永新教授的这篇文章，笔者突然想到，镇海区开展的“啃读挑战”活动无意中契合了朱教授倡导的“教师阅读学”。于是，笔者就结合自己在推动教师阅读方面的研究，写下了《“啃读挑战”：践行“教师阅读学”的探索》，在《教师博览》2020 年第 7 期发表。这次阅读引发的思考，对今后更好地开展“啃读挑战”活动起到了积极的作用。

在阅读助力研究方面，主要有这样两类的阅读。一种是“按图索骥”式的阅读，另一种是“水涨船高”式的阅读。所谓“按图索骥”式的阅读，就是结合所进行的研究，开展有针对性的阅读。“按图索骥”式的阅读，其实就跟《如何阅读一本书》中提到的“主题阅读”差不多。而“水涨船高”式的阅读，则是日常积累性的阅读，用来提高自己的教育理论素养、科研理论水平等。当然，这两类阅读都是需要的，只是前一种是有的放矢，后一种是日积月累。

“按图索骥”式的阅读，可以对所研究的课题有更深入和更清晰的认识，有助于进一步推进课题研究，少走弯路，并且能在前人研究的基础上有所突破。而“水涨船高”式的阅读，其效果不一定会立刻显现，但到一定时候会让你有多视角看问题的眼光，能触发自己研究某一问题的灵感，或许就是那种于无声处听惊雷的感觉吧。“日拱一卒，功不唐捐”，或许就是对“水涨船高”式阅读的最好诠释吧。

比如，近年来笔者致力教师阅读推广的研究，凡是看到跟教师阅读有关的文章，笔者都会有意识地搜集、整理和阅读，有时候看到好文章有如获至宝般的感觉，且在不间断的主题阅读中，对如何有效推动教师阅读有了深刻的理解。近年来，笔者能在《中国教育报》《中国教师报》《德育报》《教育时报》上发表多篇关于推动教师阅读的文章，相关的教师阅读研究成果获得省市教科研成果奖励，跟这些年自己的阅读是分不开的。

笔者不仅自己这样做，也鼓励全区的教科室负责人带动更多教师在阅读中提高科研水平。比如笔者看到某一本书中作者非常重视教师阅读，并把教师阅读作为教科研工作的一个重要范畴。笔者就组织全区的教科室负责人共读这本书，让大家更好地认识到阅读在推动教师研究中的积极作用。

当然，借力阅读让研究更给力，主要指泛教育专业方面的阅读，其实面也是比较广的。为更好地做好研究，提高自己的研究水平，教师还应该熟读几本教科研方面的著作，以便对课题研究的流程、研究方法的运用等有比较清楚的认识。

校长的课题署名权，不能一棍子打死

2018 年 8 月 20 日，《中国青年报》刊发的《教科研成果署名的那些潜规则》一文指出，尽管很多的课题报告基本都由教科室负责人完成，但课题成果的第一作者基本上是校长或者书记。这篇文章刊发后，有人继续撰写相关文章，对校长不动笔却成第一作者的现象进行了批判。

不可否认，校长不动笔却成第一作者的现象在现实中是存在的。如何看待这一现象，也是值得思考的。但相关的批评中，把有些校长没动笔就在课题上署第一作者上升到剽窃的高度，也是不妥当的。事实上，教科研成果不仅仅是写出来的，更是做出来的。尽管在最后的结题总结阶段，很少由校长亲自执笔来完成研究报告，研究报告基本上是由教科室负责人来执笔的。但是，执笔撰写结题报告也仅仅是整个课题研究过程中的一个环节。从这个角度而言，执笔者也不能想当然地成为课题成果的第一作者。

现在中小学（包括幼儿园，下同）研究的课题主要来自两条线，即教科规划部门的课题和教研系统的课题，各级教科所和教研室是这两类课题的主管部门。一般而言，教科规划部门的课题地位更高一些，宁波市的相关课题管理规定就明确了这一点。教科规划部门的立项课题一般都是关系到学校整体发展和特色创建的，大多由校长担任课题负责人。这样，课题结题的时候，校长作为课题负责人，往往也就成为第一作者了。在课题申报书上，有是否具备完成课题研究的条件这一项要求，而有些课题只有校长当负责人，才能协调各方面的资源，顺利完成课题研究。

笔者特意查询了浙江省 2018 年教科规划课题的立项名单。以某市为例，除去教研等业务部门的课题，中小学共有 44 项课题获得立项，其中 34 项课题的负责人为校长，4 项课题的负责人为副校长，仅有 6 项课题的负责人为非校级领导。而这 6 项课题的负责人，也大多是特级教师等业务非常突出的优秀教师。从该市的数据来看，校长为课题负责人的比例占 77.3%，非校级领导为课题负责人的比例仅占 13.6%。在该市这些学校中，既有省内知名的学校，也有很普通的学校。可见校长担任教科规划课题的负责人，是一种非常普遍的现象。尤其是省级规划课题，很少有普通教师担任课题负责人的。

事实上，关系学校整体发展和特色创建的课题，其实就是学校行动。校长作为学校的法人代表，自然也就成了课题的负责人和主持人。当然，在这个过程中，有的校长是真正当好了课题主持人的角色，利用课题研究加强教师培训，开展相关活动，用课题研究带动了整个学校的工作。有的校长则成了甩手掌柜，平时不闻不问，课题结题时也心安理得地成为第一作者。

在课题研究过程中，校长或书记作为负责人躬身其中的现象并不少见。我也参加过多次宁波市教科所组织的对全市的省市教科规划课题的中期检查或结题检查，有些做汇报的正是作为课题负责人的校长或书记。

当然，在这一点上，需要课题管理部门加强制度建设，尽可能避免校长在课题研究中仅仅“挂名”的现象。比如可在课题开题报告、中期检查、成果答辩等环节要求课题负责人参加，切实担起负责人该负的责任。

有研究者认为，规划课题并不是人人都需要做的，也不是人人都能做好的。教师要做课题，还有很多的路径。现在，很多地方也推出了教师的个人课题研究，比如宁波市推出了市级的德育个人课题和课程与教学专项个人课题研究，有兴趣的教师可以自主申报。为了与市级各类课题对接，宁波市的各县市区也出台了县级层面的集体课题和个人课题，让更多的教师有参与课题研究的机会。

校长是教师专业发展的第一责任人。而开展课题研究是促进教师专业发展的有效手段，校长引领教师走上教科研的道路，这是校长的职责。在这个过程中，校长带头做研究也是非常必要的。在实践中，校长主持课题研究也是一种推动学校教科研工作的有效方式。尽管现实中的确存在校长只挂名的现象，但是我们也不应该只看到消极的一面，而忽视了校长参与课题研究的积极意义。

校长在课题研究中的最大作用未必是研究报告的执笔，而应该在全程关注课题研究的过程，在统筹研究力量、推进研究实践、邀请专家指导等方面发挥积极的作用，为课题研究的有序开展和深入推进保驾护航。

当然，校长自己也不能全部通吃，贪得无厌，不要把所有的课题负责人都自己“扛”。比如不是事关学校发展大局的教研系统的课题，由教务部门或者教研组的相关负责人牵头比较合适。有的教师培训类的课题，可以让分管师训的领导或师训部门的负责人去牵头。当然，学校也可以大力支持和鼓励名优教师去申报各类集体课题。对于非自己挂名负责人的课题，校长也要重视和支持，让更多的教师切实感觉到校长对教科研工作的重视。

对于校长的课题“署名权”，真的不宜一棍子打死。不过，对于这一话题的热议，也是很有价值的。正在负责各项课题研究的校长和书记们，不妨好好思考一下，如何让自己更好地发挥在课题研究中的作用，让自己的这个第一作者署名心安理得。

教师阅读推广：从“自研究”到“省课题”

2020 年暑假期间，笔者完成了浙江省教师教育规划课题“基于‘三结合’区域读书会激发教师专业内生力的实践”的结题报告，并参加优秀成果的评选。因为在这个过程中，笔者在《德育报》等公开刊物发表了几篇相关的论文，根据课题管理的相关规定，笔者这个课题不需要鉴定就可以结题了。

其实，关于教师阅读推广方面的研究，笔者已经开展了 12 年之久，从 2008 年笔者担任仁爱中学教师读书社社长的时候就有意识地开展了。在 2006 年的时候，仁爱中学曾开展过为期两年的“读好书，促发展”教师读书工程，具体由笔者负责。当时，笔者在教师阅读推广方面也没什么经验，就是把学校专门从宁波市教育局推荐的书目中购置的书下发到学校的 6 个教研组，具体读书活动由教研组自行组织，每个教研组拿到了 30 多本书。当时的设想是挺好的，如果每个教师在两年内读 10 本好书，那对他们的成长应该是很有帮助的。但是，两年过去以后，按照事先的规定，每位教师要交一篇读书心得体会文章的代表作和一篇两年的读书活动小结。笔者在阅读教师们提交的两篇文章时，发现读书心得体会文章有网上直接下载的，甚至有六位教师的小结都是一样的，是下载了网上的同一篇文章。对这件事笔者进行了反思，觉得学校仅仅给教师提供书是不够的，还需要在营造氛围、搭建平台、激发热情等方面下功夫。

2008 年，笔者在闫学老师《教育阅读的爱与怕》一书的影响下，逐步走上了教育阅读之路。在大量的阅读中，笔者对教师阅读有了更深刻的理解，对如何激发教师的阅读热情也有了思考。当年，仁爱中学成立了旨在推动教师阅读的教师读书社，笔者任教师读书社的社长，因为有之前推动教师阅读上的“挫败”，于是就有意识地用研究的方式来推动教师阅读。笔者用行动研究的方式来推动教师阅读，一边实践，一边反思，一边改进，并及时提炼推动教师阅读上的经验。在这个过程中，笔者有意识地在期刊网上下载了不少关于教师阅读推动方面的文章。先通过好书共读的方式，激发教师读书社成员的积极性，再通过发挥读书社成员的种子效应，影响校内更多的教师。读书社成立不久，就因为在推动教师阅读上的积极成效，笔者被镇海区总工会评为工人先锋号。

在这个过程中，笔者逐步总结出了“党支部发动、教科室实施、工会颁奖”的三位一体的推动教师阅读的机制，形成了“共读+选读”“先锋+全员”的教师阅读推动方式。《让教师爱阅读其实也不难》介绍了仁爱中学推动教师阅读的具体做法，《让最忙之人先读带动全体教师阅读》刊登了仁爱中学的相关经验，《让阅读成为教师的生命自觉》对仁爱中学教师阅读文化的构建进行了报道。在这个过程中，笔者没有申报课题，但形成了不少成果，其中《一体两翼式教师读书团队推动教师阅读的实践》一文2016年获得了宁波市教育科研优秀成果二等奖。

2016年9月，笔者到镇海区教科所工作，在领导的支持下成立了区域层面的“研之乐”读书会。笔者把原先推动仁爱中学教师阅读实践的经验迁移到区域层面，通过区域先锋读书团队建设、特色读书活动打造、增加教师阅读获得感等方面的努力，有效地推动了区域层面的教师阅读。在这个过程中，笔者申报了浙江省教师教育规划课题“基于‘三结合’区域读书会激发教师专业内生力的实践”并获得立项。

省课题有其研究的要求，比如说在公开刊物上发表相关文章可以免于结题鉴定。因此，笔者进一步对研究过程中的做法进行了梳理，发表了《让更多的教师形成阅读的文化自觉——基于“三结合”读书会推动区域教师阅读》一文。同时，还对“啃读挑战”的成功实践进行了进一步的提炼，从让教师走出成长舒适区的角度去思考，不仅在《浙江教育报》上发表了相关的文章，而且《“啃读挑战”：让教师走出“舒适区”》还在宁波市教育系统读书节校园阅读推广案例现场评比中获得第一名。后来，“啃读挑战”推动区域教师阅读还获评首届宁波市教育改革创新优秀案例。

可以说，用研究的态度来看待教师阅读推广，在实践中取得了成效：仁爱中学推动教师阅读的做法获评宁波市首届校园阅读推广十佳案例；镇海区推动区域教师阅读的做法，也得到了《浙江日报》的重点报道。

笔者在教师阅读推广方面的研究，是从自娱自乐式的草根研究走向了正儿八经的省级课题研究，这也充分说明，草根研究和规划课题研究并不矛盾。两者可以自由转换。这次省课题结题以后，笔者对教师阅读推广的研究不会停止，可以继续回归到草根研究，然后在合适的时候继续申报相关的课题。

比如这次新冠肺炎疫情期间，原先的线下大型读书分享会无法进行，我们通过“云端交流”的方式让大家和作者面对面交流。那么，以后如果不方便邀请作者到现场的话，可以开展线上分享的方式，让大家在和作者的云端交流中，增加阅读上的获得感。

用研究的态度去对待一项工作，可以提高工作的研究含量，在做好工作的同时，也可以收获一些研究成果。笔者在 12 年的教师阅读推广中，不仅从“自研究”走向了“省课题”，获得了浙江省教师教育规划课题优秀成果二等奖，而且还发表了多篇相关的文章，出版了《教师阅读力》和《走进教师阅读》两本著作。

当做研究成为教师的自觉

2016 年，笔者调到区教科所工作，负责全区的省市教科规划课题的管理。为了对全区的省市教科规划课题研究情况有更清楚的了解，笔者花了不少时间，从浙江省教科院和宁波市教科所的网站里把近五年的全区各校的省市规划课题立项和获奖情况进行了统计。此后，每年的省市教科规划课题的立项名单和优秀成果的获奖名单，笔者都及时补充到这个统计表中去。

在统计的过程中，笔者发现精英小学连续多年获得宁波市教科研成果一等奖。客观地说，在宁波市教科研成果评选中获得一等奖并不容易，一个学校连续多年获得，就更不容易了。精英小学在 5 年内获得 4 个一等奖，这在全市也很难找出第二家，而近些年该校的教科室负责人也走马灯似的换了好几人。有些学校在换了教科室负责人之后，往往会一时接不上，有的甚至会开倒车。而精英小学接连换了好几人，还能一往直前，这就更值得思考了。

原先笔者在仁爱中学工作的时候，对精英小学重视教科研工作，教科研方面有成效就有一定的了解。当自己从区域教科管理者的角度去看待精英小学的教科研工作的做法时，就有了更进一步挖掘的意识。2018 年教师节前夕，镇海区教育局首次评选教育团队“群雁奖”，全区包括教研组、年级组以及各类其他教育团队，共评出 10 个“群雁奖”，精英小学的科研社就是其中之一。应该说，能获得“群雁奖”是很不容易的。当地的媒体以《让教科研变成第一生产力》为题介绍了精英小学科研社的做法。

据介绍，成立于 2001 年的精英小学，借着新课程改革的东风，在创办不久就成为宁波市教科所的实验学校。为了吸引更多教师参与到教科研工作中来，并培养一支学校教科研工作的先锋队，该校由教科室牵头，在教师自愿报名的基础上，成立了科研社这一教师专业发展共同体。

而精英小学教科研工作的常态化和普及化，也正是因为有了科研社这一教师专业发展共同体的努力。科研社每月举行一次研讨活动，大家围绕学校开展的各类课题，相互交流，畅所欲言。有了这样的研讨机制，该校的课题研究又注重过程管理，提高了课题研究的针对性和实效性。

精英小学一般每年都会举行一次大型的教育科研成果展示会，并邀请市教科所专家到现场指导和点评。通过成果展示会，让更多的教师在执教研讨课、参与课题研讨活动中得到锻炼，也进一步营造了校内浓郁的教科研氛围。

2011 年，在精英小学建校十周年的时候，该校把自己的教科研成果进行了梳理，公开出版了《童心的回应与引领——基于儿童本真的小学教育创新实践》一书。目前，精英小学也即将迎来建校二十周年，该校也正在紧锣密鼓地整理近十年来的研究成果，准备以综合实践活动课程建设为切口，出版《童心的放飞与守望》一书。

2018 年下半年，“研之乐”读书会把《苏霍姆林斯基教育学说》作为“啃读挑战”的第 6 本共读书。后来，我们就在精英小学举行了镇海区教育系统 2010 年读书节“教科研专场”暨《苏霍姆林斯基教育学说》读书分享会，来推广精英小学的教科研工作经验。因为苏霍姆林斯基非常重视教师的研究，把这样的读书分享会放在一所重视教师研究的学校举行，真的是再妥帖不过了。

在 2018 年 12 月 26 日举行的读书分享会上，我们对全区教科研先进集体和个人进行了表彰，邀请了区教育局分管教科研的业务局长贺军辉给先进颁奖并发言。此外，除了安排三位教师做《苏霍姆林斯基教育学说》的读书分享外，还安排精英小学的教科室负责人做了精英小学的教科研工作经验介绍。精英小学还在现场摆放了该校近五年来获市一等奖的教科研成果的文本供与会者观摩。

以区教育系统读书节“教科研专场”的形式举行《苏霍姆林斯基教育学说》一书的分享会，并和推广精英小学的教科研工作经验结合起来，就是要让更多的教师认识到做好研究工作对学校发展和教师成长的重要意义。当天，全区中小学、幼儿园教科室负责人都在现场，相信这样的现场对他们如何推进所在学校的教科研工作，会有很大的促进作用。

2019年12月，镇海区教科研骨干阅读素养提升班的结业仪式，也有意识地安排在了精英小学，让培训班学员有意识地观摩精英小学的教科研成果的文本，对教科研成果的呈现方式有更清楚的认识。

客观地说，精英小学并不是公众心目中的名校。截止到2019年9月，这所学校95%以上的学生为外来务工人员子女。该校一直注重加强对学生的礼仪教育，并用研究的态度来推进礼仪教育，近二十年在礼仪教育上不断改进，从最初的1.0版本升级到了3.0版本。为此，笔者给该校写了篇《让“明礼”伴随学生成长——浙江省宁波市精英小学礼仪教育“三部曲”》。后来，这篇报道在《德育报》2019年7月8日头版头条刊发。这也说明精英小学的做法得到了《德育报》这样的全国德育工作主流媒体的肯定。

近三年，精英小学在区教育局对全区中小学、幼儿园的综合考核中，均获一等奖，这是很不容易的。因为区教育直属的中小学、幼儿园的一等奖每年总共在12个左右。

让教科研成为第一生产力能真正落地，需要让研究成为教师的自觉行为。显然，这两者也是相互促进的。如果一所学校能让研究真正成为教师自觉的时候，那么教科研在发挥促进学校发展、促进教师成长方面的作用自然也就水到渠成了。

课题“门类多多”，教师需理性选择

有一次，有位外市的同行问笔者，中国管理科学院的课题是怎么回事？因为她所在学校的一位老师的课题在这个单位组织的评比中获得了一等奖。她表示很疑惑，这位老师连县级课题都没怎么做过，怎么就能获得全国一等奖呢？

中国管理科学院听起来很高大上，至于这个机构的合法性是需要相关部门去判定的。其实，早在十多年前，笔者就收到过中国管理科学院寄来的论文获奖通知书，说我的某篇论文获得全国一等奖。当然，天下没有免费的午餐，更不会掉馅饼。这样送上门来的大奖，收取一定的评审费是肯定的。然后，他们还会说拟将获奖论文汇编公开出版，若同意入选，还需交人民币若干，届时会寄送相关图书。

那么回到开头所说的那个课题一等奖，那位同行说，后来她打听过了，是需要交钱的。中国管理科学院又不是慈善机构，他们不会关心中小学的教师开展课题研究。其实所谓的课题获奖，也就是花钱买张证书罢了。但是，这样的课题获奖证书，说白了就是“克莱登”级别的。所谓“克莱登”，就是钱锺书先生的《围城》中方鸿渐买的假文凭上的大学名称。那么，教师拿着这样的课题获奖证书，还到学校去登记，真的算是课题研究的“门外汉”了。

课题是否正规，其实是跟课题的管理部门有关的。现在的课题管理，的确有点泛化的现象，比如工会有课题、少先队有课题，但这毕竟还是正规部门，有具体的针对对象，比如教育工会的课题主要是针对学校的工会方面做研究，少先队的课题主要是针对少先队辅导员的。

对于中小学教师而言，教科部门和教研部门是最主要的两个课题管理部门。其中，教科部门的课题叫教科规划课题，教研部门的课题叫教研课题或者基础教育研究课题。目前，教科部门是中国教科院、省教科院（所）、市教科院（所）、县（市、区）教科所（室）这样从中央到县的四级管理。国家层面没有专门的教研室，教研室主要从省级到县级三个层面。各级教科部门和教研部门每年都会开展课题立项，作为一项常规工作，每年的时间都差不多。因此，有意向申报这两类规划课题的老师，可以及早谋划，争取在规定的时间内顺利提交申报材料。

客观地说，要在中国教科院立一项课题是非常困难的。可见，弄个“克莱登”大奖来号称全国课题一等奖的做法是很好笑的。

除了教科部门和教研部门最主要的课题来源外，目前师训部门也会开展课题立项，比如浙江省教师发展中心和中小学干部培训中心会开展课题立项和课题评奖。教育技术部门也会开展教育技术方面的课题立项和评奖。这样的课题也是正规的，教师有兴趣也可以参加。这样的课题，一般都是县级的师训部门和教育技术中心来组织实施的。不过，到基层中小学、幼儿园，具体也是由教科室来组织实施了。这两类课题的日常管理，没有像教科规划课题和教研规划课题这两类那么规范。

各类学会有时也会组织开展各类课题申报。目前，中国教育学会对中小学、幼儿园来说是相对比较权威的学术团体。由于前几年，各类学会尤其是二级学会开展的活动比较混乱，所以相关部门就对学术团体进行了整顿。目前各级教育学会的分会，开展活动的时候往往是和教研室一起的，大家认可是因为盖了同级教研室的章。一般而言，中国教育学会除了年会文章征集外，开展的课题申报等都是通过各级教育学会发放通知的，一般不会直接跟个体老师联系。

其他的林林总总的号称全国总课题的子课题，一般都是打着旗号圈钱的。有时候，给你发个总课题组评奖的证书，一般所在地的学校和教育部门也不予认可。

对于教师而言，课题获奖证书的价值如何，关键在于证书上所盖的章。其实，这个章的背后是对课题研究质量的认证。就像名牌大学的毕业证书，是对一个人多方面努力的肯定，而不在于这一纸证书本身。如果仅仅看一张证书，现在做假证的可以做得跟真的几乎一模一样。因此，各类课题获奖证书也一样，真正的、规范的课题获奖证书就是对课题研究质量的肯定。而且，证书上盖的是各级人民政府、各级教育行政部门、各级教育业务部门的章，档次还不一样。

因此，那些总课题组对子课题颁发的获奖证书，最多只是在这个圈子里认可。出了这个圈子，基本上就是一文不值了。当然，凡事也有例外。有些总课题组招募子课题组，不是为了盈利，而真正是为了深入推进研究。笔者曾经参加过宁波教育学院主持的一个教育部规划课题的展示交流会。为更好地推进该课题的研究，宁波教育学院在总课题的基础上，又设了若干子课题，由相关的县（市、区）教育业务部门来负责。这样，如果总课题组给子课题评奖，就会盖上宁波教育学院或者宁波市中小学教师培训中心的章，这样的子课题获奖还是有“含金量”的。但是，以目前市面上的总课题招募子课题，大多是不纯粹的，背后有着经济利益的考量。所以，对于林林总总的总课题的子课题，没有必要去上心！

尽管对教师而言，课题研究未必要立项。但是真要参加各类立项课题研究，也要参与正规的，得到认可的。不然花了冤枉钱，浪费了时间，还觉得自己很有收获呢！

课题有结题，研究可持续

对于各级各类立项课题来说，总有一定的研究年限，必须在规定的时间内结题。当然，如果确实有特殊原因无法按期结题的，可以申请延期结题。但是如果延期后仍未结题的，有的课题管理部门会发出撤题公告，有的虽不撤题但也会规定今后若干年内课题负责人不得再次申报课题。

可以说，课题结题是课题管理中的一个环节，是确保课题研究按期进行的一个管理手段。不过，对于研究而言，并不意味随着课题的结题戛然而止。

课题结题以后，最重要的是参与相关的成果评审。如果能在成果评审中获奖，尤其是获高级别奖项，课题研究者自然是眉开眼笑，有大功告成之感。如果课题没获奖，课题研究者往往有苦难言，只能是一声叹息了。但是现实中，在课题结题以后，不管是得奖没得奖，学校或相关的课题研究人员基本上就跟这个课题切割了。如果是获奖的，就是相关的获奖证书今后在需要的时候可以用用，或者把证书放在学校的荣誉室展出。而所获得的研究成果并没有在校内发挥什么作用。其实，即便课题没有获奖，也可以好好反思一下，不足的地方在哪里，哪些地方可以改进，是否在具体的实践中还可以尝试推进等。

现在，教科部门在引导对结题课题的再研究上起到了很好的导向作用。以宁波市教科所为例，从前两年开始规定重点规划课题需要有原先的研究基础。这样，原先已经立项，获过奖的课题，如果有新的研究切入点，就可以在原先的基础上进一步深入研究了。

原先，在课题研究中，求时髦、追新鲜，力求短平快，能多出成果、早出成果的现象也一度存在。而且，对课题的后续研究并不重视。这样，也进一步导致在课题结题后就跟原先课题切割的现象。

对学校研究的整体课题来说，结题未必意味着研究的终止，对教师个人研究的课题来说，更是如此。

在课题研究上，真的不应该“喜新厌旧”，而是要“喜新不厌旧”。比如说，原先某项关于阅读的研究是针对一、二年级学生的。因为这项课题的研究期限是两年，时间到了必须要结题。在这两年中，探索出来的相关方法很不错，那么对已经升入三年级的学生是不是还有用，在用的时候是不是需要调整。这依然很有研究价值呀。现实中，学校的课题申报指标有限，并不一定会让同一课题组的教师在结题后继续申报。因此，即便是课题结题了，有意识开展研究的教师依然可以有序进行。只是这个时候，这个课题研究没有名分而已。如果到一定时候，相关的研究有成效的话，有机会的时候可以申报整个小学段的相关课题研究，把课题研究的面进一步拓展。这样经过一个长时间的研究，对小学整个学段的学生阅读方面的研究就比较全面和系统。如果有机会再申请整个学段的学生阅读方面的课题，那么有了原先的研究基础，也比较容易出成果。

课题结题是管理流程，研究不只是钻研精神。当然并不是所有结题的课题都要进一步深入研究，而是要根据实际情况，看这项研究在结题后还能在哪些方面继续发挥作用。比如是不是可以在校内推广，是不是需要再验证一下相关的结论，是不是需要总结一下这个课题研究的经验以供其他课题研究者学习借鉴。

2020 年 8 月，在某个培训班上，笔者又一次听了《宁波日报》评论部主任易其洋关于教育评论写作方面的讲座。他在讲座中提到的“要对某个领域保持长期的关注”引发了我的深思。易其洋主任写的评论曾获中国新闻奖。他是在用研究的态度来写新闻评论，他对自己关注的领域花了很多的时间，做了很多的功课。因此，在某一个领域，他能持续不断地有内容输出。

对教师而言也是如此，要对自己感兴趣的研究领域有长期的关注，要注重相关资料的积累，这样自己在某个方面才会有深入的了解。

就笔者而言，浙江省教师教育规划课题“基于‘三结合’读书组织激发区域教师专业成长内生力”的研究 2020 年 9 月就正式结题了。但是，笔者对推动区域教师阅读的关注将持续下去。当然，就相关的做法，如有机会，笔者也会继续申报相关的立项课题；若没有合适的机会，则会采用“非立项”的研究方式来继续关注如何推动区域教师阅读。笔者会关注教育刊物上刊发的相关研究论文，也会对实践中推动区域教师阅读的做法进行总结提炼，也会探索新的推动区域教师的推进方法。正是因为笔者对推动教师阅读方面有深入的研究，因此陆续在公开刊物上发表了10多篇相关的文章。

当然，一名教师可以有几个自己感兴趣的研究方向，在不同的时段有不同的侧重点。不过在日常的资料积累上可以多管齐下，不必局限于某个主题。某位教育科研专家说过，教师做一项课题，就相当于挖一口井，至于井的深度如何，就看教师在课题研究中的投入了。就某项具体的研究而言，在课题结题的时候，井的深度还不深，出水还不多。课题结题后，如果趁热打铁，继续深挖一下，可能会有更多的收获。当然，在某个时间段，教师不一定只挖一口井，在深挖某口井的时候，也可以偶尔给其他井松松土，以便可以挖掘。也就是说教师在研究某项课题的时候，也可以有意识地关注一下其他自己感兴趣的研究方向的资料，比如在期刊上或者网上看到相关内容，就可以收藏起来，为今后的研究打下基础。

教师做研究，要根据实际情况，不能以结题为终止线。可持续的研究会让教师的研究结出更丰硕的果实。

学校管理也大有研究文章可做

“教而优则仕”是我国中小学的普遍现象，有其合理性。并不是所有的优秀教师都适合当管理人员，有的优秀教师到了学校管理岗位后，由于忙于事务性工作，无法在教学上投入很大的精力。笔者曾在一篇讨论该现象的文章中读到这样一个观点，有位走上管理岗位的优秀教师觉得找不到以前如鱼得水的感觉了，因为平常事务性工作太多，他已没有精力开展自己的教学研究了。

现在中小学中层以上管理人员事务性工作多，这是毋庸置疑的。现在媒体上反映的中小学教师非教学工作多，一般的教师还好，主要体现在中层以上的管理人员中，准备各类台账资料，迎接各类检查，他们都是主力军。

在前些年的中小学绩效工资改革中，学校中层干部的津贴问题成为一个难点问题，很多学校的绩效工资改革方案没办法通过，就是因为卡在中层干部的津贴上。很多教师认为，中层干部已经享受了课时减免的优惠（比如标准教学工作量减半），凭什么再拿津贴，而且他们做的那些事我们也能做呀。按理说，中层以上的管理人员，都是从优秀教师中产生的，并且日常工作很忙碌，他们的津贴问题怎么就成为教师们的“眼中钉”了？其实，问题就出在中层管理人员做的大多是事务性工作，让教师们觉得替代性很强，没什么了不起。

事实上，作为学校管理人员，也应该用研究的眼光去对待自己分管的那些事情，在做好常规工作的基础上，形成特色，让自己在某个领域内有话语权，跳出事务缠身的桎梏，能从更高的层面来审视全校性的相关工作。其实，在学校管理方面，也是大有文章可做的。那么这样的文章谁来做，自然是学校中层以上的管理人员了。对于学校管理人员来说，即便是自己没有精力去开展教学研究了，那也不妨结合自己管理工作的日常去提高日常管理工作的研究含量。

《学校管理者的五堂必修课》一书中提到，学校管理者要过一种研究的生活：研究自己，体悟生命的自觉；研究教师，帮助他们诗意地栖居在教育大地上；研究学生，老老实实“把学生当学生”；研究教学，“常听课”“会评课”；研究管理，“把正确的事情做正确”。

其实，一位优秀的学校管理人员所发挥的作用，未必比其单纯作为学科教师的作用要小。有人撰文批判“教而优则仕”现象，认为这样会减少很多优秀教师。那么，学校管理人员从哪里来？“教不优则仕”肯定更不好。中小学本来就没有专门的管理人员，所有的管理人员第一身份就是教师，这样从整体上来说，中小学的管理其实就是内行领导内行。

一位优秀的学科教师走上教务主任的岗位后，如果能带动更多的教师在专业成长上走得更远，那对学校和教师而言，岂不是做出了更大的贡献。不过，现实中有一点还是值得警醒的，现在的学校中层管理人员中，有意识地阅读学校管理方面的期刊和著作的人并不多。学科教师要多阅读学科刊物，学校管理人员也要多阅读学校管理刊物。李希贵校长曾说，《中小学管理》杂志不仅校长要看，而且普通的中小学教师也可以看。如果学校管理人员能多阅读学校管理方面的刊物，就能关注到自己分管的领域的最新动态和优秀做法，这样一方面可以让自己有了对标意识，另一方面也可以结合本校的实际情况在某些方面进行一些新的探索。

比如如何提高公开课的效益，真正让教师在公开课中得到成长。有些学校开展了“常态公开课”的尝试，让上公开课不再成为中青年教师的权利，让更多的教师打开自己的课堂。如果在“常态公开课”的实践中，教务主任仅仅把日常工作做好，那也就是做了一项事务性的工作。如果在开展“常态公开课”的实践中，教务主任有意识地关注教师对这种做法的评价，教研组内课堂研讨氛围的变化，教师日常课堂教学的变化等，这样就是把事务工作上升到了项目研究，或许还可以成为教研亮点。

一名优秀的班主任走上学校德育（政教）主任岗位后，除了做好常规的学校德育管理工作外，如果能在全校的班主任队伍建设上形成特色，培育品牌，自身成为班主任工作研究的专家，那自然也是很有成就感的。尤其是现在不少地方在班主任领域已经开通了和学科教师一样的专业成长序列，因此促进全校班主任的专业发展，自然也就成为学校德育主任工作的一个着力点。

与教师做研究一样，学校管理人员做研究未必要立项，主要是结合自己日常工作中的重点和难点，针对性地开展研究，其主要目的是改进相关工作和提升自我。当然，学校管理人员的某项研究做得比较深入，并且有明显成效了，在合适的机会，就可以申报相应的立项课题，进一步放大自己研究的效应。

正如教师做研究，可以让自己接触到更新鲜的东西，不过重复的生活一样，学校管理人员在做研究中，也可以超越日常事务的烦琐，在探索中发现新东西，总结好经验。

笔者在仁爱中学的时候，从 2006 年起负责教师专业刊物的征订工作。说白了，这事要多无聊就有多无聊，就是每年把推荐的优秀刊物和征订单发给教师，各教研组长收齐后交到我这里，然后我再统计汇总，交给邮局的工作人员。但就是这样的一项事务性工作，我用研究的视角去看待，去分析全校教师订阅专业刊物的情况，优秀的教师怎么订？教研组的整体订阅氛围怎么样？教师每年的订阅情况有什么变化？……从 2007 年起，笔者在多家教育刊物发表了 10 多篇有关教师专业刊物征订的文章，对如何用好教育专业刊物，有效促进教师成长有了更深刻的思考。

学校管理也大有文章可做，也有很大的研究空间，值得更多的学校管理人员去探索！

研究成果转化为教案的意蕴

2019 年 12 月，笔者参加了宁波市教科所组织的高端教育科研培训班。在培训班上，苏州大学人文学院杨教授的讲座生动、幽默，他结合多年的古典文学和现代城市文化的研究，又有很大的信息量，让大家感受到了古典文学的魅力所在。据杨教授介绍，他已经有好几门课被教育部评为“金课”了。

毫无疑问，杨教授把很多人印象中“高冷”的古典文学讲得如此有味道，并能被评为“金课”，与他多年的研究是分不开的。这就是研究助力教学的最好诠释。

这让笔者想到了 2019 年 10 月教育部颁布的《关于加强新时代教育科学研究工作的意见》（以下简称《意见》）中的一个细节。《意见》中关于科研成果转化的表述，很值得我们思考。《意见》中提到，增强科研成果转化意识，引导鼓励开展政策咨询类、舆论引导类、实践应用类研究，推动教育科研成果转化为教案、决策、制度和舆论。可见，教育科研成果的转化有多种形式，并不是要有大影响力的才算转化。前文所提到的杨教授就是把他的研究成果转化为教案，让课堂成为推广研究成果的“试验田”。把教育科研成果转化为教案，这对于中小学教师而言，尤为贴切。这也恰恰说明了，中小学教师在研究中取得的成果，是为了更好地服务自己的日常教学，让自己的课堂教学更加精彩。

现实中，总有人喜欢把教学和科研割裂。媒体上也经常会报道一些极端的个案，说某些高校教师醉心课堂教学，不写论文不评职称，临近退休还是讲师。在媒体报道的语境中，这些教师成了不追求名利、一心只为学生的“清流”般的人物。我觉得这只是个人的追求，不宜过于拔高。那些顺利评上正高职称，有着博导头衔，还头戴教育长江学者等帽子的高校教师，同样也很受学生欢迎呀！而且，他们写的一些书也很受中小学教师欢迎，对大家的提升起到了积极的作用。如果在课堂教学上很有造诣的高校教师，多总结，多反思，把自己的成功经验写出来，把自己的教育思考固化下来，不是可以让更多的人受益吗？同时，这些教师在写作中也可以发现自己教学中需要改进的地方，不是可以更好地促进教学吗？

笔者曾读过教育部长江学者李政涛教授的很多书，从中得到很多启发。2015 年 7 月，在江西弋阳《教师博览》杂志社举行的首届读书论坛上，笔者现场听了李政涛教授的“读天地人事，育生命自觉”的讲座。他在做讲座时的思路非常清晰，而且还是一边在电脑上输入主要内容，一边做讲座的。可以想象，他日常上课也一定非常精彩。

不可否认，现在对高校教师的评价体系中，科研的分量比较重，要评上职称，获得各类“帽子”，都得靠科研的“实锤”，而在教学方面，却没有太明确的“硬杠子”，只要过得去就行。为此，很多教师在科研上投入的精力要更多一些。对于高校教师而言，不同类型的教师在科研上的要求并不相同。有的以科研类为主，有的以教学类为主，为此，他们的科研成果的呈现方式也有所不同。比如以教学为主的教师，其研究主要是为了更好地促进教学。现在，教育部也出台了不少相关规定，引领高校教师关注教学，提高课堂教学质量，来打造更多的“金课”。

事实上，有很多在学术上非常有造诣的高校教师，也一直秉持“课比天大”的信念，借助自己的科研，来提高自己课堂教学的“含金量”。可见，如果有了心系讲台的内动力，做好科研工作就能更好地服务于教学工作，让教学更有质量，更有水平。

当然，不仅是高校教师要处理好教学和研究的关系，中小学教师同样如此。对于中小学教师而言，研究主要是为了改进工作和促进自身成长。尽管很多中小学教师说教书育人是自己的天职，但要做好教书育人工作，同样需要研究来助力。从《意见》来看，教育部大力倡导中小学教师将自己的研究成果转化为教案。可见，中小学教师研究的出发点和落脚点，就是要反哺教学。可以说，中小学教师开展研究，不仅是要丰富自己的教育人生、提高自身的教育水平，而且最终要落实到改进教学上。因此，中小学教师开展研究，就是提升“教书育人”成效的一种途径。

教师自身就是重要的课程资源，教师自身的进步提高，可以让课堂教学更有魅力、更加精彩。教师尤其是中小学教师的研究，主要还是应用性的研究，是着眼于问题解决的研究，而教师的研究是在做的基础上写出来的，是跟阅读、实践、反思、写作紧密结合在一起的。可以说，中小学教师做研究，其实就是一种基于实践需求的、促进自身成长的有效方式。教师自身的成长，也必然给课堂教学带来新气象。如果说教师一心扑在教学上，不注重提高自己，不关注学科发展的最新动向，那么教师的课会精彩吗？

当然，这里所说的教师的研究，并不一定是指各类立项的课题。因为不是每一位教师都随时有机会参与各类规划课题研究，但每一位教师都可以做自己感兴趣的“自助研究”，每一位教师都可以是教育研究者。

“课比天大”理应成为每一位教师的自觉追求，但有了研究助力的课堂，会更精彩！因此，中小学教师不妨牵手研究，让研究帮“比天还大的课”更有魅力！

课题研究，“临门一脚”水平不可少

近年来，根据宁波市教科所安排，笔者作为指导人员参加了几次省市教科规划课题的结题检查。在听取相关课题组汇报研究成果的时候，有这样的一种感觉：参加结题检查的课题研究过程很扎实，但研究报告中“研究味”不浓，感觉像工作报告，就是罗列了研究过程中所做的一些事，并没有上升到研究的高度。其他的课题指导专家也有同样的感觉。

从某种程度上来说，撰写研究报告，就像足球比赛中的“临门一脚”。尽管前期做了很多务实的研究，但最后的“临门一脚”水平不高的话，则会有一种“前功尽弃”的感觉。其实这就像茶壶里煮饺子，最后倒不出来，那么相关课题研究的价值和意义在哪里，也就很难体现了。

其实，这就是课题研究报告中的总结提炼水平。课题研究报告要阐述研究的过程，也要体现研究的成效，那么如何呈现研究过程的科学性、研究成果的有效性，这是怎么都绕不过去的。尽管，课题是做出来的，但是没有最后的写出来，做得再好也体现不出来。

教师要做课题研究，必须遵循课题研究的相关规范，必须遵守相应的游戏规则。为此，参与课题研究的教师，尤其是主报告执笔的教师，要多看看相关的教育科研指导方面的著作，从中了解课题结题报告的规范和注意事项，有意识地提高自己这方面的能力和水平。如有可能，也可以听听网上的相关讲座。

那么，如何撰写高质量的结题报告，我大概翻阅了自己手头的10多本教科研方面的著作，但对于如何写好课题研究报告，也没有详尽的说法。一般就是将研究报告的格式要求介绍一下，并着重指出研究过程和研究成效部分最重要。有些还附上几份获奖的课题研究报告作为参考。

一般而言，先进性、科学性、独创性、实用性，是评定优秀教科研成果主要考量的指标。客观地说，如果前期选题不到位，研究过程不扎实，要靠结题报告来实现逆转，这并不现实。但是，研究报告写得好，的确能给结题的课题增色不少。

根据相关的规定，以浙江省为例，省教科规划课题的结题报告要少于两万字，而省教研系统的课题结题报告要少于一万字。

在这个字数范围内，要把研究背景与意义、研究过程与方法、研究成效与反思、研究结果与结论等内容写进去，而且要把重心放在研究过程和研究成效上，因为这才是课题研究的重点所在。

原上海市教科规划办沈忱在《与一线教师谈科研》一书中提到，当前教师研究成果报告以下两个方面都要避免：一是满篇都是数据和图表，缺少对观点的提炼，缺少血肉，影响阅读理解。二是通篇文字表述，缺乏数据支撑，没有骨架，使研究成果显得空泛。需要让典型案例和数据资料都要为研究事实服务。沈忱老师说得很到位，这两者不能顾此失彼，要真正有机结合。

笔者也查看了不少获得宁波市教科研成果一等奖的课题，特别留意了这些报告的成效表述。综合各方面的资料，觉得在课题研究报告的撰写上要注意以下几点：

1. 在研究过程的描述中，注意所开展的研究要聚焦课题的研究目标。也就是说，课题的研究过程，是针对研究目标在扎实推进的，否则就会有一种自说自话的感觉。因为到了结题阶段，就是在分析课题的研究过程、方法和相关的研究资料是不是达成了原先的研究目标，研究成效如何，形成了什么研究结论。如果研究过程出现了偏差，后面的成效和结论自然就经不起考验了。

2. 在研究成效的表述中，要注意研究的成效与研究的内容相关。研究的成效，是结合研究的目标，根据研究的内容所达成的。现实中，有这样的通用版本，研究促进了学生的成长，促进了教师的发展，提升了学校的品牌。当然，一个课题研究的成效可以涉及这三个方面，但是这三个方面的变化要根据课题的实际研究进行表述，不能让人看了觉得没什么特别之处。

3. 要有课题本身的研究成效，即在课题研究过程中本身取得的成效。比如说优化了……活动；形成了……策略；促进了……发展；丰富了……资源；创新了……模式等。通过这样的表述，将内容进行了必要的提炼，把所做的具体的事进行了概括提升。也就是说，通过这样的表述，可以进一步凸显该项课题研究取得的针对性的成效。

4. 巧用图表，让报告更美观更有说服力。在研究报告中，根据实际情况，针对性地用图表和数据来说明问题，让研究报告更有可读性，把关键因素用更直观的形式表现出来。尤其是在研究成效部分，用好图表和数据，有画龙点睛的作用。

在成果申报中，除了要写研究报告外，还需要认真填好课题的内容简介和活页匿名评审表。内容简介一般在500—800字，活页匿名评审表一般在5000字以内，不过图表是不计入字数的。因此，在活页匿名评审表中用好图表和数据，是很关键的一个策略，必须引起重视。如果研究报告写得到位了，在此基础上填好活页匿名评审表自然就水到渠成了。

在课题研究中，踢好“临门一脚”是非常关键的一个环节。这个“临门一脚”的水平，对教师做课题研究而言是通用能力，在做其他的课题中是能迁移的，需要好好修炼。

研究自我是教师的终身课题

2020年暑假期间，不少微信公众号都在转发题为《教师暑假修炼：最应该学习的一门课程是“研究自己”》。这篇文章从职初教师、成熟教师、骨干教师、卓越教师这四个不同层面的教师来分析如何分析自己、研究自己、与自己深度对话，更好地促进自己的成长。

“研究自己”的说法很值得我们关注。对于每一位教师而言，自我认识非常重要。如何认识好自己，管理好自己，把自己的优势充分发挥出来，这样能更好地促进我们的教育教学工作。

2015年4月，笔者在《中小学管理》2015年第4期上读了《自我研究：教师的新范式——阿纳斯塔西娅〈教师的自我研究〉评介》一文，对“自我研究”的说法很感兴趣，就第一时间在网上买了。

因为，笔者一直觉得研究自我是教师做研究的一个组成部分，看到了这方面的书自然想进一步了解一下。不过读了这本书之后，笔者发现自己原先的愿望落空了。笔者原先理解的“研究自我”中的“自我”是研究内容或者说是研究对象，原本阅读此书是想从教育研究者的视角进一步了解研究“自我”的内容，但“自我研究”中的“自我”是研究主体。

阿纳斯塔西娅倡导的“自我研究”，包括五个要素：即个人情境化探究，批判性协同探究，提高学识，透明、系统化的研究过程，知识生产与陈述。这其实是教师自我为主体的一种研究方式，跟我们常说的行动研究有一定的相关性。

笔者也阅读了相关的文献，有研究者认为教师开展“自我研究”，可以提高教师的发展自觉，体现其发展的主动性和创造性，为教师能够坚持持续发展提供内在、稳定的动力系统。通过“自我研究”，教师可以进一步强化自己的专业身份，时刻明晰我是谁，知道自己该做什么，为什么这么做，如何做得更好。或许，在教师的“自我研究”中，也会进一步更好地实现“研究自我”的目标。

通过对“自我研究”的研读，笔者对教师如何研究自我也有了更清晰的认识。对于教师而言，自身就是重要的教学资源。一个积极向上、知识渊博、待人亲切的教师，自然就会有吸引学生的魅力。从这个意义上来说，教师研究自我是做好教育教学工作的必要前提。

中小学教师研究自我，就是通过对自己职业的认识，对自己的能力水平、成长路径、努力方向等有明确的认知，并能采用积极的应对方式，以更好地改进自我，发展自我。在这个过程中，教师要针对外部环境的改变，对自己的努力方向做出及时的调整。

教师有不同的发展阶段，不同发展阶段的教师有不同的追求。教师要对教师职业的整体发展情况和面临的挑战有一个理性的认识，才能更好地对自己的不同发展阶段提出适合的目标，来更好地指导自己前行。正如前文提到的职初教师、成熟教师、骨干教师、卓越教师有不同的发展目标一样，每一位教师在不同的阶段都应有不同的追求。

比如，教师对整个教师职业生涯的不同发展阶段要有清晰的认识，对每个阶段的教师的基本要求要有明确的认识，对于职称评定的大体标准和各类名优教师的评选标准要有认识。现实中，有些教师对职称评定政策有很多的牢骚和抱怨，但现在的职称评定是在评聘结合的政策下进行的，不仅教育系统如此，其他各行各业也是如此。但职称评聘难，也不应该成为教师放弃成长的理由。如果自己能达到职称评定的要求，并非常有优势的话，那么当机会来临的时候，就不会错过了。

教师要对自己目前的发展状况有比较客观理性的判断，制订好自己的职业生涯发展规划。制订教师专业发展规划，其实就是很好的教师进行自我研究的途径。在教师专业发展规划中科学地认识自我，寻找适合自己的发展目标，明确自己的努力方向，并积极践行。在对自己进行准确分析的基础上，精准定位自己的发展方向，其实就是教师自我研究的具体方式。

人贵在自我认识，教师把研究自我作为终身课题，其实就是一个不断认识自我、完善自我的过程。一个不断成长的教师，其实也是学生身边的最好激励力量。

如果一个人装睡，是无法叫醒的。因此，对于教师的成长来说，最重要的就是要有发展的内驱力，形成发展自觉，成为一个自动自发的人。如果一名教师形成了研究自我的习惯，在成长路上会更有方向感和目标感，会在研究自我中进一步加强职业认同，提升专业水平，过上一种有“研究味”的教育生活。

此外，教师在研究自我的过程中，可以更好地把自我和教育教学工作融为一体。正如《教学勇气：漫步教师心灵》的作者帕克·帕尔默所言：过一种不再分离的生活，让自己更有教学勇气。

当然，教师仅仅研究自我也是不够的。研究自我，并不是孤立的，而是教师开展研究的一个部分，和其他研究是相互促进的。或许，教师开展的其他的研究，如果不那么注重规范的话，就是专家所倡导的自我研究。教师在自我研究中提高能力，进一步激发自我的效能感，这样，对自我会有更好的认识，会进一步激发自身的努力。

我们常说，进德修业是教师终身的必修课。其实，我们也可以这么说，研究自我是教师的终身课题。

让教育写作成为一种自觉

教育写作既是一种教育科研方式，又是一种教育科研的成果表达方式。在写作成为一个人的基本素养的今天，教师不妨从自我增值的视角来看待教育写作。

教师要摆脱害怕教育写作的“心魔”，把教育写作作为日常的专业生活方式，用一颗平常心对待。

教师在教育写作的实践中，通过读写结合，加强反思，让教育写作成为自己的一种自觉，为自己的成长蓄力。

用“自我增值”的视角来看待教育写作

2019 年 1 月，新华社微信公众号推送的《一级美发师要会写论文？Tony 老师们慌了……》这篇文章引发了公众的热议。原来在人社部办公厅颁布的中式烹调师等 26 个国家职业技能标准中，美发师的新国标规定，一级美发师要能使用计算机进行发型绘画，能用 PPT 制作课件，能撰写专业技术论文，等等。

其中，让很多人大发感慨的是美发师居然有写论文的要求。在很多人看来，功夫在头顶上的美发师说起来跟写论文八竿子都打不到一起，却有写论文的要求，貌似很不合理。但仔细分析一下，论文的要求是对一级美发师的要求，而美发师有五个等级，分别为五级/初级工、四级/中级工、三级/高级工、二级/技师、一级/高级技师，可见一级美发师是这个行业的佼佼者了。

根据新国标，一级茶艺师同样需要撰写论文，甚至连一级电梯维修工也要有撰写论文的能力。可见，论文写作能力对很多职业的高端人士来说是一种基本能力。教师也一样，在职称评审方面，职称层次越高，论文写作方面的要求也越高。

不过，对于美发师来说，如果在自己的职业生涯中不有意识地提高自己的写作能力的话，到有机会成为一级美发师的时候，也会体验到写论文是一种多么大的煎熬。反之，若有意成为一级美发师，平时注重写作能力锻炼的话，到一定的时候自然会有从容淡定之感。

可以说，修炼写作能力是一个人增值的有效路径，这对教师而言也同样适用。当然不同的教师个体写作的起点基础并不一致，起点差的教师若不有意识地在写作上提升的话，则会和别人的差距越来越大。2018 年有一个自媒体达人写了一本题为《写作是最好的自我投资》一书。尽管这本书主要讲述的是如何写好公众号的文章，但是这本书对写作价值的表述是很值得深思的。

作者认为，在互联网时代，写作表达已经成为每一个职场人的基础技能，甚至是核心技能，不会写作的人，正在失去职场竞争力，无法冲破上升的天花板。

自清华大学把“交流与沟通”作为全体本科生的必修课后，《人民日报》也刊发过题为《把写作视为一种基本能力》的评论文章。可见，教师应该把写作视为自己的一种基本能力。

在这个自媒体时代，写作的门槛越来越低，教师的写作不是创作性写作，只是一种写实性的记录。如果一个人具备基本的读写能力，日常交流没什么问题，这样他就有了写作的基础。写作能力的培养，往往是通过不断练习，甚至是刻意练习才能提高的。

尽管这个世界上的确有在写作上非常有天赋的人，但更多的人是在写作的实践中提高写作能力的。据介绍，有的作者把写作本身训练成肌肉记忆，让深度思考成为日常的习惯，可见写作能力的提高，是自我努力的结果。也就是说，写作能力的提高，是自我的一种投资，是一种增值行为。

现实中，也有不少教师把工作忙碌作为远离写作的借口。客观地说，教师没时间写，只是自己把写作的优先级排后了，没有真正把写作当作一件重要的事。

现在，大家在回望民国教育时，说那时候的教师中大师比比皆是。而真正有影响力的民国时期的教师，往往都是写作达人。

春晖中学是我国的历史文化名校，20 世纪 20 年代曾吸引了朱自清、夏丏尊、丰子恺、朱光潜等名家任教，成为我国基础教育史上的一段佳话，并有了“北有南开、南有春晖”的美誉。尽管早期那些名家在春晖中学待的时间大多不长，而且当时也很年轻，除夏丏尊稍年长一点外，大多还不到 30 岁。但在志同道合的同行的砥砺下，他们在春晖中学形成了不少的成果。比如朱光潜写出了第一篇美学论文《无言之美》，朱自清写下了教育学论文《教育的信仰》，丰子恺公开发表了《人散后，一钩新月天如水》的漫画作品，此外丰子恺还写下了不少的艺术教育论文。可见，教育写作不仅促进人成长，也是提高个人影响力的重要途径。

对大多数教师而言，大家发展到一定的程度，就教学水平和能力的角度而言，很难分出伯仲，往往是教育写作上拉开了差距。长期坚持教育写作的教师，自然会有很多的教育写作成果，而不把教育写作当回事的教师，往往缺乏教育写作的实践，甚至成了教育写作的低能儿。所以在碰到职称评审或者评优教师评选时，不少教师恰恰是因为教育写作上的短板，在向上发展的过程中碰了软钉子，往往会有“教师的主要任务是教书育人，而非论文写作”的抱怨。

在有些教师中有一个不大好的倾向，说是因为职称评审有论文写作的要求，所以教师为了评职称，把主要精力放在了写论文上，反而没有心思教书育人了，这样是本末倒置了。用五年左右的时间，来写出两篇左右像样的论文，怎么也谈不上影响正常的教育教学工作。教育写作是需要大量的输入来作为保证的，这个输入就是在实践的基础上阅读和反思。一个教师如果能这样坚持做，不仅不会影响日常的教育教学工作，反而会让自己的教育教学工作更为出色。其实，这就是教师在自我成长方面的投资。

现在教师的专业成长越来越受到重视。如果我们能用“自我增值”的视角来看待教师的教育写作，并在日常的教育写作中发展自我、提高自我，那么教育写作就会成为教师成长路上的垫脚石而非麻烦事了。

论文不是职评路上最大的拦路虎

近年来，笔者对各地教师职称评审中有关论文的要求比较关注。2018 年 6 月，曾在网上看到《上海市中小学高级教师评审条件》6 月 1 日起正式施行，有效期为 10 年，2004 年出台的相关规定同时废止。于是，就认真查阅了其中对教师论文的要求。在“教育教学研究水平”方面，上海规定：“任中级职务以来，在区级及以上刊物发表过较高水平的论文（含技术工作总结等），或其他较高水平的教育教学实践研究成果（含校本及以上课程、通过市级以上信息化平台分享的自创教学资源等）。”

那么，上海此前的规定是怎样的呢？笔者也特意去查阅了一下：“在区级及以上刊物上发表过有较高水平的论文或其他研究成果，在实践素质教育的过程中，能结合教育教学实际开展课题研究，对教育教学规律和方法的实际运用有理性的总结。”

由此看来，论文的要求并没有取消，只是扩大了成果认定的范畴：包括了课程开发、自创教学资源等实践性的教育研究成果。客观地说，开发一门课程或在市级以上信息化平台分享自创教学资源，并不比写一篇论文要轻松。因上海是直辖市，论文要求发表在区级以上刊物，相当于其他地区发表在地级市以上的刊物，说明上海对高级教师的论文要求并不高。

与上海相比，浙江的规定又是怎样的呢？

省人力资源和社会保障厅、省教育厅2016年发布的《浙江省中小学教师职称评价指导标准（试行）》在“教学科研成果”方面指出，高级教师应具有指导与开展教育教学研究的能力，在课程改革、教学改革等方面取得显著成果，在素质教育创新实践中取得比较突出的成绩，并发挥一定的示范和引领作用。

浙江的规定中列举了论文、课程开发、专著教材出版、优质课评比、技能大赛获奖或指导学生获奖共五项指标，各地可以从这五项指标中选择部分进行考核。其中，技能大赛获奖或指导学生获奖仅针对职业教育的教师，其他四项是面向全体教师的。

五项指标中，论文的具体要求是在公开刊物独立或作为第一作者发表本学科研究论文，或获县级一等奖、地市级二等奖、省级三等奖及以上优秀论文，至少两篇。

看上去要求挺高，但是，其他指标实现起来也并不轻松。比如主持选修课开发并主编选修课教材，并不是所有的教师都擅长开发教材，主编一本有一定质量的选修课教材是需要投入很大精力的，出版专著、译著或教材的机会也不是想有就有的，而课堂教学大赛要获得县级一等奖、地市级二等奖、省级三等奖也并不容易。

可以说，浙江的规定，对高级职称的教师有较高的教学科研能力的要求，并不过分。其中，论文作为一项指标不算难，甚至可控性是最强的。教师用五年的时间来写两篇符合职称评审规定的论文，可以采用两条腿走路，既可以参加教育业务部门组织的论文评比，也可以自行投稿争取公开发表。

目前，各级教研部门每年都会举行一次学科教学论文评比。浙江省教育科学研究院、浙江教育报刊总社、浙江省教育厅教研室每年联合举行年度全省优秀教育教学论文评比，全省教师都可以自主参赛。

“一个教师写一辈子教案不一定成为名师，如果一个教师写三年的反思，有可能成为名师。”叶澜教授的这句话经常被引用。这句话得这么理解：教师写一辈子教案是在被动地抄写，写反思则是在进行主动的教育写作。试想，如果每年认真写上三五篇文章，用心读五年的专业刊物，哪怕是一位写作基础很差的教师，要写出达到职评论文的要求，应该也是不成问题的。

从这个意义上来说，真的不应夸大论文在职评路上的“拦路虎”作用，让人望而却步。

笔者曾听过厦门市教育局巡视员、著名数学特级教师任勇关于教师成长的讲座。在 20 世纪 80 年代，教育界还没有形成阅读写作的环境，他从专业刊物上看到上海在倡导教师写论文，就认为像上海这样的教育前沿高地，有这样的倡导一定是正确的。于是，他向上海学习，阅读专业刊物，积极撰写论文，把自己从一个普通的师专毕业生打造成了全国知名教育专家、国务院特殊津贴获得者。

教师的专业发展到了一定程度，如果不是特别不用心，像备课、上课、带班这些工作自然会达成一定的业绩，而职称评定就是以教学研究能力来增强人才区分度。所以，一位教师因为缺乏相应的论文，而在职称评审中被淘汰，其实也不冤枉。因为职称评选的论文要求不是临时增设的，而是事先公布的，为参评者预留了充足的时间。哪怕对论文写作一窍不通，一位教师经过五年的学习和锻炼，平时能坚持写些教育文章，完成论文也是水到渠成的事。

江苏省正高级教师、南通市教育科学研究院副院长冯卫东曾说过一段发人深省的话：“教师与教师之间在学习、实践与思考等方面本来就存在差距，而写作把这个差距拉得更大，甚至拉到极致。”同等职称教师之间的差距或许就在日常的写作中。

职称评定过程中，论文是不是一只“拦路虎”，关键在于教师对论文写作的态度和自己的行动。只要用心钻研，假以时日，不仅职评之路畅通无阻，更重要的是，他一定会走上成长的快车道。

教师教育写作不妨谱好三部曲

中小学教师的教育写作，要超越学科写作，应包括教育叙事、学科论文、教学反思、读书笔记等多种形式。中小学教师的教育写作，是一种实践的艺术，需要在写作的实践中提高水平。在多年的教育写作实践中，笔者认为积累素材、勤于练笔、形成精品，是提高教育写作水平的有效路径。

1. 善于积累，记录思维火花

老一辈的优秀教师，往往都有一个做剪报的习惯。他们把平时在报纸上看到的好文章做成剪报本。这些剪报既是做好教学工作的参考资料，同时也是助力教育写作的素材资源。同样，不少优秀的教师都有随身带着纸和笔的习惯，这样可以随时记录自己的一些思维火花。因为有些好的想法是稍纵即逝的，如果不及时记录下来可能就一去不复返了。

在今天这个移动互联网时代，大家都随身携带着智能手机，随时记录就更加方便了。我们还可以利用语音软件，及时把自己的想法通过口述的方式变成文字。此外，我们看书看杂志的时候，除了可以随时记录外，还可以拍照记录，等有空的时候再进行进一步整理。这样，我们就可以利用一些碎片时间为教育写作积累素材。

对于教师的教育写作来说，平时要有善于积累的意识和习惯，这样可以记录瞬间的思维火花，把自己的一些思考固化为文字。这些记录下来的思考的火花，经过必要的整理，往往就能成为相关文章的素材。平时看到好的材料，如果不及时记录下来，往往就成为过眼云烟了。

当然，这个平时的积累并不在于形成一篇篇的文章，而在于打下一篇篇文章的基础。正所谓万丈高楼平地起，没有夯实的地基，就无法支撑起高楼大厦。平时利用碎片时间写的文字，尤其是一些思维的火花，有空的时候可以在电脑上进行进一步的梳理。

教师要提高教育写作水平，日常的积累非常关键，把这个基本功做好，可以为自己需要时提供选题、论证材料，让自己的教育写作有“源头活水”。

2. 勤于练笔，提高写作能力

教师除了有意识地进行教育写作外，也不要放弃日常工作中的各类练笔的机会。客观地说，不少教师的写作能力并不强，如果不多加练习，永远也不会提高。在教育写作上，有些教师除了态度上不屑不愿外，在能力上的确也存在不会写的实际情况，至于没空写那只是一种托词罢了。因为那些写出大量有分量的教育文章的优秀教师，他们的工作量也并不少。

写作是实践的艺术，需要在写作中提高。很多教师说自己不会写，事实上，在教师的很多日常工作中，就有不少练笔的机会，认真写写，就是在实践中提高写作能力。

比如每年的工作总结，有些教师就用旧文顶替，把以前的总结改个日子应付了事。甚至，有些教师从网上抄一篇就交差了。对于教师来说，借这样的机会来梳理自己的工作得失，其实就是一个练笔的好机会。有些问题在脑子里想想和写出来是不一样的。

每一位教师都应该认真写教后反思。在现实中有这样的现象，不少教师把写教后反思作为一种负担，如果学校不检查，也就不写，如果学校要检查，就补充点应付了事。同样，现在很多学校都在开展教师读书活动，并要求教师提交读书心得体会文章。如果教师认真对待，以写促读，读写结合，这既完成了阅读任务，也在完成这个任务的过程中提高了写作能力。但是如果教师将此视为负担，应付了事，除了发点牢骚外，自己也不会有什么长进。

教师写作，可以利用日常工作中的各种机会，上班时间来写也是名正言顺的。这样，写作就可以成为日常忙碌工作的一种调节和润滑剂。

如果教师平时勤于练笔，在日常积累的基础上，利用各种机会多写写，提高自己的写作能力，还可以给自己的专业成长扫清障碍。

3. 用心写作，形成精品文章

对于教师的写作来说，尽管过程重要，但结果的考量同样也很重要。比如在职称评审或名优教师评选中，要有公开发表的文章或一定级别的获奖文章。当然，对于教师而言，这样的文章的数量要求是不多的，一般最多三五篇。也就是说，每一位教师都要有自己的代表作。

对于教师而言，能上好代表课，大家都能理解。而在教育写作方面，形成自己的代表作，也同样重要。这就需要自己用心去写几篇好文章。

这样的写作，与日常的训练不一样，日常的训练只是练兵。但是，养兵千日用兵一时，关键时候，教师是需要形成自己的精品文章的。当然，这个精品文章的概念，是因人而异、要求也不尽相同的。

在日常写作训练的基础上，一段时间内用心写几篇好文章，应该不算太难。就笔者本人而言，一般每年至少好好写四篇文章。以2017年为例，笔者撰写的《以“职业认同”为支点提升教师幸福感》获得宁波市中小学心理健康教育论文评比一等奖，《从“唤醒意识”到“养成自觉”——推动教师阅读的实践与思考》获得浙江省优秀教育教学论文评比三等奖，《让〈弟子规〉发挥德育工作正能量》获得宁波市德育热点问题大家谈征文比赛一等奖，《做“知行合一”的“良知”教师》获得浙江省教师读书征文比赛一等奖。

有了代表作的意识，就会用心去写好这些文章。而用心写这些文章的过程中，也会进一步地促进自己的阅读，也会要求自己多积累相关的资料。

其实，教师教育写作的过程，就是用学习的态度，让自己多阅读、多实践、多反思、勤积累，让教育写作使自己的专业生活更加丰富多彩，让自己的专业生活留下更多的痕迹。

积累素材、勤于练笔、形成精品，这样的教育写作三部曲，既是一种循序渐进，同样也交织在一起，是可以同时进行的。用心谱好这样的教育写作三部曲，可以让教师源源不断地形成必要的代表作，既能顺利在职称评审和名优教师评选中一路高歌前行，也能更好地让自己一直处于成长的状态中，更好地享受教师的职业幸福。

学术道德应成为教师写作的“紧箍咒”

2020 年 7 月，教育部公开曝光了八起违反教师职业行为十项准则的典型问题。在这八起典型问题中，第三起为广东省深圳市龙岗区如意小学教师胡某某的学术不端问题。

通报中称，2015 年以来，胡某某多次抄袭他人作品用于自己出版书籍、发布微信公众号推文以及主编教材等，并获得多项荣誉。胡某某的行为违反了《新时代中小学教师职业行为十项准则》第八项规定。根据《事业单位工作人员处分暂行规定》《中小学教师违反职业道德行为处理办法（2018 年修订）》等相关规定，撤销胡某某副校长职务、调离教学岗位、撤销其所获荣誉称号。

通报中所提到的《新时代中小学教师职业行为十项准则》中的第八项规定为“秉持公平诚信”，而胡某某的行为具体违反了“不得在绩效考核、岗位聘用、职称评聘、评优评奖等工作中徇私舞弊、弄虚作假”。与《新时代中小学教师职业行为十项准则》同时发布的《新时代高校教师职业行为十项准则》中专门有一项为“遵守学术规范”。

教育部把学术不端行为作为中小学教师的严重师德师风事件来通报，并不多见，这也敲响了中小学教师务必远离学术不端的警钟。

客观地说，近年来，高校教师的学术不端问题经常被各类媒体披露，已不算什么新鲜事。但现实中，中小学教师同样存在类似的问题，也该引起关注。

尽管近年来各地在中小学教师职称评审中论文的要求有所降低，但职称评审和名优教师评聘与考核还是对论文有要求的。由于现在期刊发表的论文大多要查重，且发表后的论文一般都会收入各类期刊网，因此抄袭的论文用来公开发表的风险太大。

值得警惕的是，各级教育业务部门组织的论文评选则会成为一个黑洞，若组织部门不严格把关，可能就会让有些教师钻空子。浙江省教研系统的论文评审，从十多年前就开始了参评教师要填写诚信承诺书的做法，既要作者本人签名，又要所在学校领导签名盖章。即便如此，还是会有一些教师“冒险”。笔者曾在浙江省教研室的网站上看到对几位教师论文抄袭问题的通报。可见，相关业务部门做好论文评选的把关工作是非常重要的。

有当过各级论文评选评委的同行坦言，在网上检索成了论文评选的必修课。一般而言，这一类的论文评选还称不上严格意义上的查重，主要还是问道百度。试想，百度都能告诉你这论文不对，这论文显然是抄袭无疑了。

笔者也曾当过多次论文评选的评委，看到文章中的有些表述不对头，在网上稍微检索一下，就能看出端倪。前些年，省内某县委托镇海区教研室对当地的论文进行评审，这样的委托第三方进行评选倒也是比较公正的评选方式。当时，笔者担任了德育论文的评委。尽管是德育论文的评选，但还是有近三分之一的论文多多少少有点抄袭行为，甚至也有全文抄袭的。从那时起，笔者对中小学教师的学术不端行为就有了警觉。

现实中，有些教师的论文不规范的现象是五花八门，有的是从网上找多篇文章拼凑在一起的，有的是整段拿来但稍微改些表述的。即便是读书心得体会文章，也有张冠李戴的做法，比如是读 A 书的，结果从网上找些读 B 书的心得，然后扣在 A 书上。

《浙江教育报》曾刊发过的一篇文章显示，即便是某县的师德征文比赛，结果还是有不少教师是抄袭的。这不是天大的笑话吗？这篇文章还是该校这项征文比赛的组织者写的，是从问题出发，但也说明这问题是真实存在的。

客观地说，现在教育行政部门对教师学术不端问题越来越重视。以宁波市为例，2020 年宁波市教育局出台的宁波市中小学（幼儿园）教师师德师风负面清单总共 13 条，第 9 条就是“抄袭、剽窃、伪造学术成果等行为”。

现在，教育行政部门越来越重视对中小学教师的师德师风建设，在很多方面都是坚持师德第一。可见，教师一定要提高学术道德意识。因为上升到师德的高度还真不是小事，在很多方面都是可以被一票否决的。

当然，在提高学术道德意识上，除了要有意识地远离抄袭外，还要提高学术规范意识，不要因为在这方面的知识短板，无意中蹚上学术不端这一浑水。

比如以前在很多教师的观念中，抄一篇是抄，抄十篇就是创新了；理论框架可以抄，案例是自己的就可以了。事实上，这样的行为，大多是可以被认定为抄袭的。

当然，在论文写作的过程中，必要的学习借鉴和参考是不可少的，比如前人的研究成果、思想观点，适当引用是能为自己的论文增色的。但是，这务必要做出说明，表明自己是引用的，否则就很容易在不知不觉中造成抄袭的既定事实。

《江苏教育科研》编辑部主任颜莹在其最近出版的《教育写作：教师教育生活的专业表达》一书中指出，如果作者大段引用他人的文章而标注一小部分或不标注，就可以算抄袭了。

在今天这样一个移动互联网时代，一名教师如果有抄袭等学术不端行为，就相当于在自己身边放了一颗定时炸弹，随时可能会爆炸。

套用一句流行话："理由千万条，诚信第一条；学术不规范，被扒泪两行。"

所以，学术道德应该成为每一位教师的"紧箍咒"，来警醒和约束自己，不要因为贪图一时的便利，而给自己埋雷。

教师不会写首先要破除“心魔”

笔者曾读到过一篇关于教师教育写作上的“三不一无”的文章。这篇文章的大意是教师反对写论文的原因是不愿写、不屑写、不会写和无时间写，简而言之就是“三不一无”。其实，不愿、不屑是态度问题，不会是方法问题，无时间只是个客观理由。

从教师反对写论文的归因来看，破解这个问题也很简单，即转变态度、提高能力。至于没时间这真的是个伪命题，因为时间是个常量，就看你把时间花在哪里。比如有些老师淘宝购物、网络追剧的时间是有的，但用于学习提高的时间就没有。尽管很多教师抱怨现在没有完整的暑假和寒假，但是这两个假期中总归有相对整段的时间可用于学习提高。正如朱永新教授在分析教师没时间阅读一样，他认为，即便是教师有了时间，也未必去阅读，而是会把时间优先安排到自己认为更有意义的事情上去。

前文曾提到用自我增值的视角来看待教师的教育写作，有了这样的认识，对教育写作的态度可能就变积极了。在对教育写作的态度不再消极之后，接下来就是教育写作能力提升的问题。

这些年，笔者也有意识地阅读一些关于教师教育写作指导方面的著作，一方面想在阅读中找到自己在教育写作方面的不足，另一方面也用来提高自己指导教师教育写作的能力。

2019 年暑假期间，笔者认真阅读了王丽琴主编的《让教师不再害怕写作——八种常见教育文体撰写“地图”》一书。这本书的前言中提到，在广大中小幼教师群体中，存在一个比较普遍的现象：愿意开口，不愿意动笔；宁上十节公开课，也不愿写一篇文章。尤其是面对要求比较高的专业性写作时，教师的心理抗拒与畏惧就更加明显。作者在分析原因时说，有的教师害怕专业性的写作，有的教师则是害怕一切写作，就像是“广谱抗菌”式的害怕。可见，教师要在教育写作上有所作为，除了改变不愿、不屑写的心态外，还要破除害怕写作的“心魔”。

从某种意义上说，教师害怕写作不是什么新鲜事。早在 2009 年，《中国教育报》就曾开展过帮助教师走出写作焦虑的讨论。当时，笔者参加了那次大讨论，并在《中国教育报》上刊发了《跳出写作来看教师的写作焦虑》。当然，这里教师的写作焦虑指的是教师的教育写作水平不高，写不出那些能够公开发表的文章，导致在需要相关论文的时候写不出来。事实上，很多教师不会教育写作，缺乏的是教育写作方面的阅读，也就是没有优质内容的输入，自然也很难有高质量的输出。很多教师本身就缺乏写作方面的训练，要一下写出高质量的教育文章，自然也非易事。

颜莹在《教育写作：教师教育生活的专业表达》一书中提到，由于中小学教师缺乏专门的学术训练，他们在理论基础和研究方法上有所欠缺。写作时，要把实践经验上升为理性思考，往往让他们感到困难重重，由此给他们带来很大的挫败感。这跟教师的专业阅读和积累不够有很大的关系。

她认为教育写作离不开大量鲜活的教育生活素材，这些素材要靠教师平时点滴的积累，教师要做教育的有心人。因此，教师平时要常看报纸杂志，对时政新闻保持敏感，对教育问题多一些思考，平时多记录一些值得思考的问题。此外，教师平时要有意识地阅读理论著作，提高自己的理论水平。

有一点必须引起重视，教育写作是教师的职业性写作。因此，大家对教育叙事、教学案例、教育论文等不同文体的写作方式要有清楚的认识，否则文不对体，自然会在发表或者评奖上受到阻碍。在具体的写作文体上，教师需要精准掌握，不妨看看《让教师不再害怕写作》《教育写作》这样的教育写作辅导著作。

可以说，要真正写好教育文章也并非易事，需要投入很多。但这种投入总是跟教师的自身提高和育人水平的提高结合在一起的，并不是另起炉灶。

有一点必须引起注意，正如在游泳中学会游泳一样，教师的教育写作能力也是在长期的教育写作实践中提高的。阅读相关的教育写作方面的辅导著作，仅仅是起到辅助作用，是让自己清楚地了解各类教育文章的写作方式以及在写作中要注意的事项。如果仅仅读几本辅导著作，就能从不会写到很会写，这并不现实。比如现在网上有很多写作方面的课程，号称多少天可以让写作小白成为写作达人，如果你真信了，那你就是交智商税了。

从某种程度而言，教师教育写作水平的提高，也是刻意练习的结果。当然，教师的教育写作，并不是虚构性写作，跟本身有没有太多的文采并没有多大的关系。其实笔者原先的语文水平也不高，当年高考语文 150 分满分仅考了 98 分。因为笔者有意识地多阅读教育专业著作，并有意识地多练笔，才成了其他人眼中的教育写作高手。

客观地说，让原先在教育写作上有“心魔”的教师走上教育写作之路，其实也就是要让其走出心理上的“舒适区”，进入“成长区”。一个人一旦进入某一方面的“成长区”，就会在积极行动中不断地超越自我。

对于有成长心愿的教师而言，在教育写作上首先要破除不会写的“心魔”，积极行动，在写作实践中提高自己的写作能力。这样，“宁上十节公开课，也不愿写一篇文章”的说法也就不复存在了。

一年多写个“三五篇”也不累

2016年，笔者曾发表了《也就多写个“三五篇”》一文，标题是仿造了叶圣陶先生的《也就多收个“三五斗”》。当时，笔者还在仁爱中学工作，在整理相关资料时，发现了这样一个现象。一年内区级以上发表或获奖的各类论文、读书心得体会文章在三篇以上的，大多是那些工作量较大、工作颇有成效、自身专业水平也较高的教师。也就是说，一个教师再忙，一年用心好好写几篇文章，也是做得到的。于是，笔者就有感而言，写下了《也就多写个“三五篇”》一文。

现在，笔者在镇海区教科所的工作岗位上，放眼去看全区教师的教育写作时，对一年多写个“三五篇”有了更深刻的感悟。

2016年9月，笔者到镇海区教科所工作后，在领导的大力支持下，倡导成立了区域层面的“研之乐”读书会，负责推动区域教师阅读。从2017年寒假开始，镇海区每年都举行寒假教师读书征文比赛，具体由笔者来负责。2020 年受新冠肺炎疫情影响，寒假延长，为了鼓励“家里蹲”的教师多读书写作，我们在原先已经部署了 2020 年（第四届）寒假教师读书征文比赛的基础上，临时增设了“用阅读温暖这个冬天——我的寒假阅读故事”主题征文比赛。后来，又结合“啃读挑战”活动和镇海区教科研骨干阅读素养提升班的培训，决定和清华大学教育研究院院长石中英教授开展“云端对话”。为了吸引更多教师参与，我们还结合石中英教授的新作《穿越教育概念的丛林》一书，开展了“品读名家著作，提升理论水平”主题征文比赛。

笔者在统计这三次征文比赛结果的时候，发现全区有十多位教师在这三次征文比赛中都获了奖，有几位还三次均是一等奖。为鼓励更多教师参与区级层面的各类读书征文比赛，我们对各校上交的征文篇数不做限定，但要求参与的教师都填写诚信承诺书。考虑到参赛门槛低，我们在评奖的时候就从严控制，每次获奖率在 50%—60%。可见，能连续三次在区级征文比赛获奖的教师的确不容易。这也说明，除了那十多位连续三次都获奖的教师外，有更多的教师连续三次参加了征文比赛。

当然，镇海区内的教师在教师读书征文比赛中热情高得益于区内开展的“啃读挑战”活动。所谓“啃读挑战”，就是每月读一本书，每本书写不少于 1000 字的原创读书感悟。这一活动的参加人数从 2018 年的 80 人增加到了 2020 年的 211 人。当然，参与“啃读挑战”活动的教师中，自身的态度也不一样，有的仅着眼于能完成底线的要求，每篇读书心得体会文章的字数刚达 1000 字的及格线。而认真的教师，每次所写的读书心得体会文章远超过1000字的底线要求，往往每一篇在2000字以上甚至在3000字以上。尽管写读书心得体会文章，字数不是多多益善，但每一篇字数都比较多的教师往往是比较认真的教师。事实上，这些认真参与“啃读挑战”活动的教师，也参加了宁波市教科所组织的各类征文评比及市、区教研室组织的综合类论文评比和学科论文评比，并且能获奖。在“啃读挑战”活动中，有25位教师是连续三年都参加了。这些教师在认真撰写读书心得体会文章的过程中，提高了自己的教育写作能力，也更好地促进了自身的专业成长，有些教师还走上了校级领导的岗位。

一年多写个“三五篇”，初看起来好像挺有压力的，但是如果把任务一分解，也就是每个季度一篇左右。那么用一季度的时间，来好好写一篇文章，这应该不算难吧。试想，如果一个教师在教育写作上每年多写个“三五篇”，五年也就差不多写了15—25篇文章。有了这样的写作积累，教师的教育写作水平能不提高吗？

2020年8月，笔者在镇海教师进修学校副校长尹恩德的微信公众号中看到《用研究的态度对待工作》一文。因为和他非常熟悉，所以笔者看到这篇文章非常有感悟。他说自己从事教育技术工作22年，总共发表了60多篇论文，因为即将奔赴新的工作岗位，他把这些论文梳理一下算是对以前工作的一种回顾。这些文章大多发表在《中国教育技术装备》等教育技术类的刊物上。他入职以来一直在镇海教师进修学校从事教育技术工作，从普通工作人员到分管教育技术的副校长，他一直坚持专业写作。他是一位名副其实的专家型领导，在省内教育技术领域有较大的影响力，也经常应邀在各类公开的论坛介绍镇海经验。在他的统计中，我发现他大概是入职第五年开始公开发表论文的。这样平均算下来，不就是每年发表了三五篇吗？但是日积月累，就会非常有厚度。相信今后他在新的岗位上，会写出更多新的篇章的。

参加“啃读挑战”活动的一位教师曾在《浙江教育报》上发表了一篇题为《用心啃读一本书，一气呵成一篇文》的成长感悟。这位教师在 2020 年上半年镇海区举行的三次读书征文比赛中均获奖。

可见，对很多教师而言，一年多写个“三五篇”，是不会感觉累的。而且，只要你坚持下来，这个“三五篇”的档次也会越来越高。不信，你试试！

培训和会议也能触发教育写作灵感

“我想写，但觉得没什么东西可写”，有些教师在教育写作上有这样的困惑，这往往也成了有些教师不写的借口。正如“世上并不缺少美，而是缺少发现美的眼睛”一样，只要你用心，到处都是教育写作的“金矿”。即便是参加各类培训和会议，也能触发教育写作的灵感，在这一点上，笔者深有体会。

2017 年 10 月，笔者在南京师范大学参加了一次“培训者管理能力提升”方面的培训。在一次讲座上，授课专家在提及教师可写作的东西很多时，编了这样的顺口溜：上一堂课可以写 N 篇，听一堂课可以写 N 篇，参加一次活动可以写 N 篇，做一个课题可以写 N 篇，读一本书可以写 N 篇……他的这个表述给了笔者很大的启发。他的这些提法，笔者也知道，有些也是这么做的，但没他说得这么好。

这位专家曾在江苏海安实验小学工作过。这所具有神奇色彩的学校走出了华应龙、贲友林等在全国非常有影响力的特级教师。笔者曾看过这所小学的金沙校长的《带一袭书香进校园》，因此听到这位专家介绍海安实验小学的教师团队发展经验很有感触。于是，结合这位专家的讲座内容和自己平时的思考，写了篇《学校引领教师“群飞”着力点》，很快就在《浙江教育报》上发表了。

其实，笔者发表的不少文章就是在培训和会议上触发的灵感。比如《学生最不能接受的教师行为是什么》一文，就是在上海参加教科研骨干培训班时，听一位专家提到在对全区的学校进行监测发现，时隔三年，学生对教师最不满意的行为是拖堂。拖堂这一行为，就像是打不死的小强，很倔强地在学校存在着。拖堂的危害大家都知道，但为什么这样的行为会持久地存在呢？因为这篇文章有了客观的数据对比，因而更能引发思考。

2019 年 10 月，笔者在宁波书城参加了年轻特级教师刘善娜的新书发布会。刘善娜是位“80 后”，起点并不高，中师毕业的她，前几年是在偏远的农村完小度过的。起初，她在教学上没有师傅引领，完全是上不了台面的野路子，上的公开课也被教研员否定。后来，她因为一篇学科论文获得宁波市一等奖引起了相关校长的重视，毕竟农村完小的年轻教师的论文能获得宁波市一等奖是很不容易的。因此，刘善娜调入了镇中心学校工作，后来又进入了区实验小学。她有一点说得非常好：教师在教育写作上是完全有自主权的，没人能阻止你写，即便是没机会参加评奖，也可以自行投稿。但是想上公开课，参加优质课评比，就未必有机会了。于是，有感而发，写了《教育写作是教师自我成长的垫脚石》一文，在《浙江教育报》刊发。

2019 年 1 月，笔者参加了镇海区教育系统年度工作会议，发现毛志挺局长所做的主题报告中，非常强调教师的职业生涯发展规划。客观地说，现在很多学校都要求教师制订专业发展规划，这个在师训工作方面是有考核要求的。或许，很多学校在具体的操作中流于形式了，所谓的教师专业成长规划仅仅是写在纸上，装在袋里了，并没有成为教师专业成长的行动指南。而且，在局长所做的报告中，专门强调要根据教师的实际情况，为教师走学科专业发展（班主任专业发展）或管理方面的发展搭建平台。这让笔者想到：现在学校管理干部提拔中的“教而优则仕”的现象，即学校管理干部都是从优秀教师中产生，但是有些教师未必适合走管理的道路。如果让优秀教师根据自己的意愿进行选择，学校有意识地为这些优秀教师的成长搭建平台的话，那真的是更上一层楼了。于是，结合参会感悟，写下了《让专业发展生涯规划激发教师成长“内生力”》，在《浙江教育报》刊发。

在上海参加教科研骨干培训时，我们曾到某名校参观学习。该校领导在总结教科研工作经验的时候，笔者留意到一个细节，该校召开教研工作会议的时候，不仅分管教科研工作的副校长要参加，而且分管德育工作的副校长也要参加，这充分说明德育研究的重要性。于是，笔者进一步确立了“教研、科研、德研”三位一体的大研究观，在《新课程评论》杂志上发表了《中小学教师做好研究的三个关键点》，其中很重要的一点就是要树立大研究观。

现在很多教师可能会参加很多培训或者各类会议，有些是自己感兴趣的，有些则是不得已才参加的。但是，如果大家抱着积极的心态参加，往往也会有一定的收获。

这些年，笔者在参加培训和各类会议的时候触发了很多的教育写作灵感，也形成了不少教育写作成果。可见，只要做一个有心人，在参加培训和相关会议中，还是能收获不少衍生品和副产品的。

当然，在参加培训和各类会议中引发的思考，记录下来的文字，并不一定要形成文章发表，但这是在为自己的教育写作积累素材。各类培训和会议的确能给我们的教育写作带来一定的启示，也有可能激发我们的教育写作灵感。如果我们事先知道培训或者会议的主题，也可以提前做点功课，让自己对相关的问题有点思考，这样在培训中可能就会有更多的思维碰撞。机遇总会垂青有准备的人，在教师的教育写作上也一样，因此，我们在参加各类培训和相关会议时，不妨做个有心人！

学校奖励教育写作要“精准定位”

“‘教师写100篇论文，还不如上好一节课’，新校长在教师大会上这么一说，我前几年在推动学校教科研工作上形成的好局面就一去不复返了。”在讨论学校对教师论文的奖励时，某校的教科室负责人说了这么一句话。可见，校长在教师大会上这么倡导，教师哪里还会有写论文的积极性呀。

教师上好每一节课的确很重要，但上好课和写好论文并不是截然分开的，有些论文就是在上好课的基础上写出来的。在写好论文的同时，也能为今后上更多好课提供可能性。

因此，从学校管理的角度来说，建立有效的激励制度来引领教师处理好日常教育教学工作和教育写作的关系，让两者形成一种互相促进的作用，是非常有意义的。

如果教师一心扑在教育教学工作上，不屑、不愿写论文，这对教师的成长而言并非好事。即便从最功利的角度而言，如果教师缺少必要的论文，在职称评审和名优教师评选中就会处于不利的位置。当然，如果教师在教育写作上过于投入，反而影响了教书育人的本职工作，那就是本末倒置，自然也是行不通的。

为推进学校的教科研工作，激发教师教育写作的积极性，大多数学校都会对论文发表和获奖给予一定的奖励，只是奖励的幅度不同而已。有的学校在对论文的奖励上实行封顶制度。在当下的绩效工资制度下，论文方面的奖励是在30%的绩效工资中支出的。如果某个教师在论文方面获得的奖励过多，也会在教师群体中造成不和谐。

笔者曾在仁爱中学工作15年，担任教科室负责人10多年。从2003年开始，就一直负责教师论文方面奖励的具体计算。仁爱中学为鼓励教师开展教育写作，对教师在区级以上杂志上发表或获奖的论文都有奖励，并根据实际情况，适度扩大论文的奖励范畴，凡是区级以上获奖的教育案例、教学反思、读书心得体会文章等均纳入奖励范畴，标准视同同级论文，在制度上鼓励教师从狭义的学科论文写作走向广义的教育写作。

现在，笔者跳出仁爱中学来看仁爱中学的论文奖励措施，觉得仁爱中学原先实施的教科研工作量制度很不错，既有效地激励了教师教育写作的积极性，又能让教师正确处理好教育教学工作和教育写作的关系。简而言之，仁爱中学在对教师教育写作的激励上主要体现了两点：一是非常重视，把教师写论文纳入教育教学工作范畴；二是分清主次，让教育写作服务教育教学工作。

仁爱中学的教科研工作量制度是2002年开始实施的。该制度规定，每一位教师当年的教科研工作量在下一学年发放，不仅体现在每月的收入上，也体现在年终的奖励上。

教科研工作量制度就是把教师在区级以上发表获奖的论文（教育写作成果）折算成教学工作量，每一位教师的教科研满工作量相当于标准教学工作量的十分之一。那么，教师要达到教科研满工作量容易吗？学校制订了教科研工作量的实施细则，不同级别的论文折算成不同的分数，比如省级以上公开发表的为 0.6 分，区级三等奖为 0.1 分，教科研满工作量为 1 分。也就是说，如果一位教师每学期能在省级以上的公开刊物发表一篇文章，就达到了本学年度的教科研满工作量。当然，文章级别不够，可以篇数来凑，比如一位老师一学年内在省级公开刊物发表了一篇论文，又在市级评审中有一篇论文获得了二等奖，这样也就达到了教科研满工作量。

以数学学科为例，标准教学工作量为每周 10 节课，一个教师在本学年度达到了教科研满工作量，而另一位教师则没有教科研工作量，那么在下一学年的收入计算中，满教科研工作量的教师相当于每周多上了一节数学课。

学校这样的做法，对激发教师教育写作的热情起到了促进作用。学校的这一创新教科研奖励机制的做法，也曾得到过市级媒体的报道。据统计，学校实施教科研工作量制度的第一年，就有六七位教师拿到了教科研满工作量。

笔者觉得教科研工作量制度在激发教师教育写作的热情上起到了积极作用，这是从学校管理制度上来为教育写作正名，让所有教师明白教育写作也是教师的本职工作。但是，教育写作本身不是目的，它是为了更好地服务于教育教学工作，因此对教科研工作量实施了封顶，教科研满工作量仅相当于标准教学工作量的十分之一。

后来，由于绩效工资制度的实施导致学校分配方式发生变革，学校也换了校长，教科研工作量制度在实践中也碰到了新问题，就暂停了这一制度。

但学校依然重视对教师的教育写作的奖励，奖励的力度也和原先差不多，并实行封顶制度，按照每学期3篇，每学年6篇，取其中最高级别的进行奖励。与原先的教科研工作量制度相比，如果教师能在高级别刊物上多发表文章，奖励的总额比原先还会多一些。不过，从对教师进行正确引导的角度来说，还是教科研工作量有力度。只是单纯地对发表获奖的论文进行奖励，对于整体收入逐步提高的教师来说，激励作用可能就不那么明显了。当然，从完成教科研工作量的角度来说，如果自己老是在这方面拖后腿，教师也会觉得不大好意思，也会有所改观。

在对教师教育写作的奖励上，学校要有明确的导向。首先学校领导要重视，要在公开场合对教育教学和教育写作两不误的教师公开表彰。学校对教师教育写作的奖励措施，既要有一定的力度，同时也要实行封顶，让教师能处理好教育教学工作和教育写作的关系。

至于那些不追求学校的奖励，能主动开展教育写作的教师，就已经进入不待扬鞭自奋蹄的境界了。那么，有这样境界的教师，他们的教育教学工作是不需要领导去操心的。

教师要珍惜各类教育写作的评比机会

2020 年 3 月 17 日，宁波市教科所网站公示了宁波市“疫情和教育教学”专题论文评比的结果。据介绍，本次论文评比，全市共收到 581 篇论文，经有关专家评审，评出一等奖 99 篇，二等奖 155 篇，三等奖 196 篇。我仔细看了一下，镇海区在本次评审中共有 24 人获奖，其中一等奖 5 人，二等奖 9 人，三等奖 10 人。镇海区这次获奖的教师中，学段涵盖了从幼儿园到高中，既有普通教师，也有名优教师，其中还有几位校长、书记，另外也有 5 位教科室负责人。

这次专题论文评比，是宁波市教科所在疫情期间临时增设的一项评比。宁波市教科所为了鼓励广大教育工作者在疫情期间用研究来应对教育教学工作中出现的新挑战，推出了“疫情和教育教学”的专题论文评比和专项课题申报。当时，镇海区教科所相关负责人在全区的教科群里转发了市教科所的征文通知。可以说，只要各单位的教科室负责人做好转发工作，全区教师在这项征文比赛面前机会是均等的。

这次宁波市“疫情和教育教学”专题论文评比公示的结果，让笔者想到了那个非常朴素的名言“机会只垂青于有准备的人”。笔者记得《浙江教育报》资深编辑池沙洲在为镇海区教师做讲座时，提到的浙江大学某教授的“三篇文章”的做法。

所谓“三篇文章”，即抽屉里有一篇，这是随时可交的；电脑里有一篇，这是正在修改完善的；大脑里有一篇，这是正在构思的。笔者记得当时“三篇文章”的说法，对教师们很有触动，不少教师在写培训心得时，专门提到了这一点。

其实，这次宁波市的专题论文评比，对很多平时在教育写作上有准备的教师而言，就是一个很好的机会。尽管参评论文都是疫情期间蹲在家里短时间内写出来的，但肯定是这些教师日常对有些教育教学问题有思考、有感悟，借这次机会进行了梳理、整理和提炼。

由浙江教育报刊总社联合省教科院、省教研室举行的年度全省优秀教育教学论文评选，每年都进行，门槛也不高，只要贴上报纸上登的论文评审标志就行，而且要贴评审标志的做法也有十多年了。只要你有心，每年都可以参加，能不能获奖另当别论。

教研系统每年都会组织学科教学论文评比，当然这个从县级开始就有分配到各学校的名额，不是所有的教师都有机会参加。有些学科教研组是采用指派的方式，今年谁写，明年谁写。如果你主动一点，说不定还为教研组长排忧解难呢。

现实中，还是有很多教师有“抵触”论文写作的心理，认为教师的天职是教书育人，把课上好，把学生教好，比写好论文更重要。当然，教书育人是天职，课比天大，育人为本，这些话都没错，那么教师写论文就会影响教书育人的天职吗？答案肯定是不会影响。这里，有一点是必须引起注意的，教师的教育教学论文的写作，跟理论研究者的学术论文写作是有很大区别的。

教师的教育教学论文写作，是基于教育教学实践，再借助一定的教育理论指导，对自己的做法进行梳理、提炼，形成固化的成果，把隐性知识显性化，显然是好处多多的。当然，要写好教育教学论文并不容易，需要多阅读教育理论著作、教育教学杂志，这样才能在写作中找到更好的切入点，运用更适合的“行话”。

很多人都会引用叶澜教授的一句经典名言：“一个教师写一辈子教案不一定能成为名师，但一个教师写三年的教育反思就有可能成为名师。”可见，真正意义上的教育写作对教师成长的促进是比较大的。尽管教师的职称评审和名优教师评选中对教师有论文的要求，但是写论文并不是教师的标配。从论文的角度来说，教师评副高也只要提交两篇代表作而已。其实，教师平常的教育写作更多的是教学反思、教育案例、教育随感、教育故事，等等。但教师这样的写作，可以为在需要论文写作时提供素材。同时，教师坚持教育写作，就是在随时锤炼自己的思维，让自己对教育教学问题有更深入的思考。

和各行各业一样，教师最理想的状态是“做好”“说好”“写好”的“三好”结合。或许，现实中能做到这样“三好”的教师并不多，这是最理想的状态了。在这个“三好”中，“做好”是底线要求。这就是通常所说的教师首先要做好教育教学工作，在此基础上，能结合“说好”或“写好”自然更好。有些班主任班级管理得很好，在学校的交流会上也说得很好，但就是写不出来。当然，也有些人能做好，也能写好，但口头表达不好。而有些教师会说，但做不好，就给人夸夸其谈之感。同样，做不好，写得很好，这样也是走不远的。因此，在做好的基础上，努力让自己说好、写好，这也应成为教师努力的方向。

现实中有些教师的教育写作有功利的一面，比如为了职称评审而写，评上职称以后就远离教育写作。这一点完全可以理解。有些教师在评职称之前非常努力地当好班主任，在评上职称之后能不当就不当，也是同样的道理。当然，教师如果只是功利性写作，这样也是走不远的。

写出一篇有质量的教育教学论文，对于大多数教师来说并不容易。一篇有质量的论文背后，可能是多年的教育教学实践 + 多次的教育教学写作 + 大量的阅读。因此，教师要写出高质量的论文，必须要走出自己的“舒适区”，用多年的积累做铺垫。

那些真正用心教育写作的教师，教书育人工作自然做得好，自己的成长也会水到渠成，无人阻挡。

教育写作要巧用“多端协同”

自2014年牵手印象笔记App之后，笔者就逐步形成了依托印象笔记，实现“多端融合”写作的习惯。笔者也曾阅读过多位知识管理达人写的书，其中不少人都提到了使用印象笔记来提高办公效率。《好好学习》一书的作者成甲的一句话说得特别风趣：“我不想把时间浪费在Word打开和Word关闭上，所以我使用印象笔记来写作。”对于这句话，经常在电脑上写作的人肯定深有同感，在电脑运行速度不快的时候，打开一个Word文档的确需要不少时间。

印象笔记真的是一个很不错的写作平台。打开印象笔记界面后，在不同的笔记间行走不需要像打开Word文档那么复杂，而是很快地能实现不同笔记间的切换。印象笔记能在手机端、平板端和电脑端同步使用，可以实现名副其实的云端写作。

借助手机端的印象笔记，则能轻松地实现移动写作。笔者一直认为，玩手机的说法不妥当，还是用手机的说法比较好，手机可以是玩具，也可以是学习用具、写作工具，关键在于怎么用。手机借助印象笔记，就变成了移动写作的利器，可以利用碎片时间把一些想法及时记录下来。有些想法是稍纵即逝的，若及时地在手机上输入，就及时地把思维固化下来了。在手机上写作的内容，同时也就同步到电脑端了，可以在电脑端进行进一步的修改。因为，手机写作并不适合写长篇大论，只是可以利用好碎片时间和不方便使用电脑写作的时候。这几年，我就充分利用各类等待的时间，在手机上写下了不少文章的初稿。

比如 2017 年 10 月，笔者结束了在南京师范大学的培训后，趁热打铁，在南京回宁波的高铁上，就利用手机端的印象笔记写好了《学校引领教师“群飞”着力点》一文的初稿。当笔者回到办公室后，写好的内容已同步到电脑端，这样在电脑端的印象笔记上把文章打印出来，稍微修改一下就定稿了。

2020 年暑假期间，很多孩子在新华书店看书，家长坐在边上刷手机的现象在各地上演，很多人批判这样的现象，说家长要给孩子起好示范带头作用。其实，那个时间的家长，手上拿一本书看也未必合适，如果能好好利用手机也是一种理性的选择。

2015 年前后，笔者也经常带着女儿去新华书店，她有时一看就要近一个小时。笔者就在边上陪着，并在手机上输入一些自己的思考。比如在《教育时报》上刊发的《作业改革不能“单兵突进”》《跳出“常规检查”思维管教案》等文章都是我在新华书店“陪读”的时候完成初稿的。另外，现在手机还可以结合讯飞语音速记软件，直接录音转化成文字，这也是提高写作效率的一种有效方式。

印象笔记还有一个很好的功能，就是每一条笔记都有一个内部链接。这样，利用一条笔记作为目录，就可以建立一个四通八达的资料网络。比如专门建立一个写书的笔记本，把其中的一条笔记作为目录，然后目录上的每一篇文章名都可以连接到具体的文字。这样，需要写作的时候，可以通过目录点击到相关的文章，进行相应的写作。同时，可以通过目录，了解整体的写作进程。比如在每一篇文章边上可以注明这篇文章已经写了多少字，这样通过看目录，就可以掌握整体的写作进程，便于自己合理安排写作时间。而且，印象笔记上的内容也可以随时通过手机查看，有空有想法的时候，就可以直接在手机上进行写作，不需要像打开 Word 那样费时，可以提高写作效率。

近几年，笔者正是充分利用了“多端协同”的写作优势，提高了教育写作的效率。在印象笔记上完成了《教师成长力修炼》(2015 年 6 月出版)、《从新手到研究型教师》第二版（2016 年 6 月出版)、《走进教师阅读》（2019 年 6 月出版)、《教师阅读力》第二版（2020 年 8 月出版）等的写作。自然，本书书稿的写作，也是在印象笔记上进行的。

在教育写作上，笔者往往把自己有想法的话题，在印象笔记上先占个地盘，有想法的时候在上面填些内容。因为这些文章的链接放在同一条笔记的目录上，点击就能进去。这样，当自己有想法的时候，会及时地在手机上写上几句，日积月累，有空闲的时候整理一下就能形成完整的文章。笔者借用打通断头路的说法，把这样的做法形象地比喻为自己完成了断头文章。当自己有集中完整的大段时间的时候，往往能把原先的碎片化的思路变成名副其实的完整文章。

比如2019年国庆节，笔者在原先写作的基础上形成了五篇文章。《教师阅读的几个认知误区》和《学校教科室主任要扮演好四种角色》在《浙江教育报》刊发，《区域“教师阅读组织”点燃教师阅读热情》在《德育报》头版头条刊发，《做教师需修炼一辈子》在宁波市教师读书征文比赛中获得一等奖，《做教师要主动赢得尊重，而不是被“善待”》在“求智巷”微信公众号上推送。尽管这五篇文章是在国庆长假期间最终定稿的，其实好几篇已经在印象笔记上“居留”很久了，只是在一个有空的集中时间段定稿了。

工欲善其事，必先利其器。在移动互联网时代，“多端协同”的写作方式很值得尝试。当然，笔者使用的是印象笔记，其他的各类云笔记，比如有道云笔记等，也有同样的功效。

不妨多写点读书心得体会文章

浙江教育报刊总社的两项公益性评比，均由《浙江教育报·教师周刊》具体承办。这两项评比分别是浙江省年度优秀教育教学论文评比和浙江省年度教师读书征文评比。其中前一项比赛要求在征文上贴上论文评选标识（《浙江教育报》会刊登两次），后一项比赛则是零门槛。那么这两项比赛哪一项参加的人多？相信很多人都会做出正确的判断，那就是参加论文评比的人数要远超参加读书征文比赛的人数。以 2018 年为例，全省共有 3447 篇征文参加当年的教师读书征文比赛，而参加优秀教育教学论文的篇数为 8016 篇。

究其原因，非常简单，因为后者有用。所谓有用，那就是可以在职称评审和名优教师评选、考核中发挥作用。当然，这样的差别不是体现在某一年的比赛中，而是年年如此，这就不是偶然了。从某种角度来说，教师进行教育写作是有一定功利心的，是一种理性的选择。上述两项比赛的热度不同就充分地说明了这个问题。

客观地说，要写好一篇论文并不容易。就笔者而言，有时写一篇2000字左右的教育随笔类的文章，一个多小时就能完工。而写一篇3500—4000字左右的论文，往往需要花好几天的时间，包括如何选题，如何搭框架，如何拟定妥帖的大标题和小标题，如何充实相关的内容等。正是因为写论文不容易，太费劲，故自己平时也很少写论文。原先，一般每年认真写一篇心理健康教育论文参加宁波市中小学心理健康教育优秀论文的评比，并认真写一篇论文参加浙江省优秀教育教学论文的评选。其他的则是看自己是否真的对某个主题感兴趣或是有任务的需要了。

但这里笔者为什么要强调多写些读书心得体会文章呢？因为尽管从功利性的角度而言，读书心得体会文章发表或获奖的作用的确不如论文，但写读书心得体会不仅仅是写读书心得体会文章，而是使之成为提高教育写作能力的练兵之道。

现实中，很多教师在专业阅读上是缺失的，在教育理论上也是欠缺的。因此，多读教育专业著作对很多教师而言是很有必要的。如何提高教育专业著作的阅读效果，读写结合是一个有效路径，因此写读书心得体会文章不可缺少。同时，写读书心得体会文章，就是日常的教育写作的训练，如何遣词造句、如何把文字写得通顺，如何把自己的教育教学实践的所得和教育观点融合起来，这都可以在写读书心得体会文章中得到锻炼。当然，写读书心得体会文章和写好读书心得体会文章是两码事。真正写一篇好的读书心得体会文章也是很不容易的。这一点，笔者深有体会。这几年，笔者在《中国教育报·读书周刊》上也发表了不少读书心得体会文章，比如

《通往教育的美好之路》《走出教育“伪理论”误区》《做“学生喜欢”的“成长型”教师》等。这些文章都花了不少时间。因此，笔者也提出在写读书心得体会文章上要有代表作意识，并不是每一篇都要写得那么精美，一年应认真写几篇，或用来参与各类评比，或用来投稿。

另外，教师多写读书心得体会文章，还有这样的一个好理由，当你觉得自己没东西可写的时候，读书心得体会文章可是源源不断的教育写作之源呀！

现在，有不少教师对教育写作感到畏惧。其实，缺乏专业阅读、缺乏动笔实践是两大主要原因。那么，多写读书心得体会文章不就是很好的破解之道吗？

从学校管理的层面来说，可以在激励机制上鼓励教师多写读书心得体会文章。比如笔者原先在仁爱中学工作的时候，为鼓励教师多写读书心得体会文章，就建议学校领导把区级以上发表获奖的读书心得体会文章纳入教科研成果范畴，奖励标准视同同级论文。这样，在激发教师参与各类读书征文评比的积极性上取得了很大的成效。在浙江教育报社组织的总共 13 届全省教师读书征文比赛中，仁爱中学获得了 11 届组织奖，教师个人获奖总数居全宁波市各类学校之首。对于学校而言，在教科研奖励方面是多支出了一些，但这有效激发了教师读写结合的热情，真的是物有所值。

后来笔者到区教科所工作后，发现对读书心得体会文章有奖励的学校，教师参与的积极性就高，获奖情况就好。其中有一所学校，原先的各类读书征文比赛，除了教科室负责人外，很少有人参加。从 2019 年的寒假读书征文比赛中就突然有了明显的变化，不仅参加人数多，而且文章质量很高。后来笔者一打听，原来是学校在激励机制上有所体现了，把教师在区级以上读书征文比赛中的获奖纳入了对青年教师的考核。这样，这个青年教师居多的学校，教师在读写结合上的积极性就被激发出来了。在 2019 年宁波市教师读书征文比赛中，该校就有两人获得一等奖。

《让教师不再害怕写作》一书中提出，把读书笔记作为教师一种常见的写作文体。作者认为，现在越来越多的人认可读书对教师成长的重要性。如果教师只是略读、不动笔，或者精读但不愿意形成有自己观点的读后感，那么好书对于教师而言，依然是相对有隔膜的。

可见，多写点读书心得体会文章，既能促进阅读，又能提高教育写作能力，不妨一试。当然，在写读书心得体会文章的时候，一年要形成几篇精品文章。

为自己建立“云”科研资料库

笔者留意到这样一个现象，老一辈的优秀教师都有一件秘密武器——剪报本。这些剪报本既是他们教育教学的参考资料来源，也是他们的教育写作资料库。

也正是因为有了这样的秘密武器，他们才能在同辈人中脱颖而出。浙江省1979年评选出来的首批特级教师（共7人）朱雪丹，在其所写的《教育孩子的艺术》一书中，《成功的奥秘》就揭示了这个秘密武器的威力。

与今天相比，老一辈教师当时能接触到的资料有限，也缺乏现代化的处理工具，这样的剪报本正是他们注重日常积累的具体体现。

现在进入了云时代，我们可以在海量的资源中很方便地找到我们所需要的资料。但是我们不能等到需要的时候再去问百度，因为到时候自己以前看好的资料未必还能找到。

前文说过的可以手机端、平板端、电脑端“多端协同”的印象笔记，不仅是促进教育写作的利器，同样也是建立“云”科研资料库的理想选择。从 2014 年起，笔者有意识地把印象笔记作为自己的“云”科研资料库，其随手机可以随身携带，成了名副其实的随时可以调用的科研“弹药库”。

2015 年，笔者就在《中小学管理》杂志上发表了《个人移动知识管理：助云时代教师“自成长”》。这篇文章刊发后，《福建教育》很快就转载了主要内容。2016 年，《福建教育》策划碎片化学习的相关主题，应编辑约稿，笔者又刊发了《打造随身“资料库”：让知识触手可及》一文。

印象笔记具有三级文件管理功能，即笔记本组—笔记本—笔记，笔记就相当于一个个的 Word 文件，一条笔记中，除了可以放文字、图片外，还可以把各种格式的文档以及音频文件等作为附件上传。可以说，一条笔记的内容是可以包罗万象的。

印象笔记可以注册免费使用，但免费的账号一个月只能上传 60MB 的容量，从建设科研资料库的角度而言显然是不够的。为自己建设科研资料库，适当的投入也是应该的。当笔者有了这样的意识之后，果断地把免费账户升级为收费的专业账户，甚至目前的费用已经预付到好几年以后了。如果在优惠期购买专业账户，每天的费用也就 5 毛钱左右，用起来也不会有心痛的感觉。

使用印象笔记作为科研资料库，笔者采用按类别分类和标签使用相结合的方式。目前，印象笔记可以有 250 个笔记本，这相当于新浪博客中的 250 个分类，原先的新浪博客也就 15 个分类。可见，印象笔记的分类功能是强劲多了。这样，把按类别分类和标签使用相结合，可以方便地检索到自己所存放的文件。

一般而言，笔者会每天浏览一下《人民日报》《光明日报》《中国青年报》《新华每日电讯》《中国教育报》的电子报，看到感兴趣的内容就会放到日常学习这个笔记本中。以 2020 年 8 月为例，在《光明日报》上看到跟劳动教育相关的内容，就把文章内容放到印象笔记，然后在标签上加上 2020 年 8 月参考资料、光明日报资料、劳动教育参考等标签，以后再根据需要放到相应的笔记本。这样，在网上看到值得收藏的资料就第一时间保存下来了，并且可以随时在手机上查阅。

微信上的文章也可以直接保存到印象笔记上。微信上的文章转存到印象笔记之后，可以在印象笔记上进行必要的修改，去除不必要的内容，减少需要内容的容量，减轻电脑和手机的负担。微信上的文章为了阅读上的美感，往往会配很多养眼或针对性的图片，但对于参考资料而言，这样的照片就显得没多大价值了。因此，在电脑端操作的时候，可以把没用的图片删除，为电脑和手机减负。

笔者还把期刊网上下载下来的论文，也放到印象笔记相应的笔记本上。这样，就某一个主题，可以形成多元化的参考资料，既有期刊网上收录的公开发表的论文，又有微信上推送的文章，也有网上（包括媒体电子报）上的文章，为自己开展专题研究提供了便利。

另外，利用印象笔记也可以对自己的科研成果进行管理，各类发表获奖的文章、证书，都可以通过印象笔记随时调用。

此外，通过印象笔记的目录功能，可以建立相应的检索，为自己的资料查询创造便利的条件。

以本人目前负责的“研之乐”读书会为例，笔者专门建了笔记本组，把跟“研之乐”读书会相关的内容分门别类地放到相关的笔记本上。比如跟读书会相关的平面媒体上发表过的新闻报道、镇海教育门户等推送过的活动报道，都保存在印象笔记，自己需要查询相关资料的时候，打开手机就一目了然了。需要写相关总结的时候，可以一边在电脑上操作，一边在手机或平板上查相关的资料，非常方便。

当然，为了方便阅读 PDF 格式的文件，笔者还给自己配备了一个迷你的平板。毕竟用手机屏幕看 PDF 有点小，不大方便。这样，一方面自己可以通过平板查询相关的资料，另一方面也可以同时在电脑上写作。

可以说，随身携带的“云”科研资料库为笔者开展各项研究，查询相关资料，开展教育写作提供了便利。当然，建设好“云”科研资料库是需要久久为功的，笔者会在边建边用中让科研资料库更好地帮助自己成长。

后　记

继续行走在研究的路上

在整理书稿的过程中，我对自己近二十年的职业生涯进行了一次梳理。尽管这本书中的文章，大多是自己近五年内完成的，但与自己近二十年“研究味”的教育生活是密不可分的。

近二十年“研究味”的教育生活究竟给自己带来了什么？或许做一个“斜杠型”教科研工作者就是自己的定位和进一步努力的方向。现在，“斜杠青年”的说法很流行。但成为斜杠并不一定要做跟主业不相干的事，其实可以围绕一个中心，拓展自己多方面的能力，来更好地提升自己中心工作的效果。

对现在的我来说，除了教科研工作者这一基本身份，我还同时具备了教师阅读推广人、教育评论员、教师培训师、教育图书作者、教育宣传工作者等多种斜杠身份。而扮演好这些角色，则需要加强专业阅读、关注教育热点、提高专业写作能力和现场宣讲能力。而研究则可以把阅读、实践、反思、写作有机地结合起来，这样过一种研究的生活，可以提高一个人的通用能力。

可以说，在研究中，我扮演的教师阅读推广人、教育评论员、教育著作写作者、教育宣传工作者等各类角色，均不辱使命，取得了还不错的成绩。

以教师阅读推广而言，我在推动一所学校和一个区域的教师阅读方面均收到看得见的成效，还三次获得了宁波市校园阅读推广案例评选一等奖，相关的做法得到《中国教育报》《中国教师报》《德育报》《浙江日报》《浙江教育报》等多家媒体的多次报道。其实，在这个过程中，我还出版了两本关于教师阅读的著作，也很好地完成了教育宣传工作者的任务。

在教师阅读推广上，我能如鱼得水一般，关键在于自己一直用研究的态度来对待这件事。可见，做一个研究的长期主义者，在某个领域进行深耕，做得好也是水到渠成的事。

因为自己一直坚持专业阅读和专业写作，所以被浙江省教育厅新闻办聘为教育之江评论员后，从2017年11月起在浙江教育报刊总社主办的“求智巷”微信公众号上发表了100多篇评论文章。通过撰写教育评论文章，让自己对教育热点有更深刻的思考，这样也更有利于自己开展教科研工作。

入选本书的文章中，有的是原先发表过的，有些是根据本书的需要重新写的。当然，根据书稿写作的需要，对原先的相关文章进行了必要的调整和修改。在书稿整理的过程中，我对教育写作有了更深刻的认识。教育写作既是教师教科研的一种方式，同时也是教育科研成果的表达方式。教育写作，其实就是把自己的一些思考固化下来，因为有些思维的火花是稍纵即逝的。教师日常的教育写作，并不一定要急于发表或获奖，而是在为提高自己的教育写作水平积累素材、积蓄力量。我发现，有时候以前写的一篇文章，整篇而言到现在未必有多大的价值，但很可能其中有一部分内容或者少数几句话非常精彩，还可以为自己新的教育写作所用。

或许，教师在日常的教育写作中，写出来的文章未必有多大价值，但对于教师而言真正有价值的就是在写作过程中提高自己的写作能力。

这本书的出版，是在我的计划内的，是我献给自己从教20年的一份贺礼。当然，我也希望自己在研究中成长的感悟能给渴望成长的同行带来一定的启发。

2011年，在我的第一本著作《从新手到研究型教师》出版时，源创图书策划人、北京源创教育研究院院长吴法源写了如下的推荐语：“任何一位教师，只要他对教育保有热情，通过持续的阅读、写作、反思和交流，他一定能成为优秀的教师。刘波老师就是最好的例证。我特别为他自豪的是，他是教育系毕业的。他为教育系的毕业生展示了一条成功发展的路径，为教育专业赢得了声誉。”

吴法源先生是全国知名的教育品牌图书源创图书的策划人，曾任华东师大出版社副社长兼北京分社社长，知名品牌教育图书大夏书系就是他创立的。他对我的勉励让我深受鼓舞。

吴法源先生之所以有这样的评价，是因为他是华东师范大学教育系毕业的，本科毕业仅比我早两年。他本科的专业跟我一样，都是教育管理。

当然，从2011年以来，我依然在研究中把阅读、实践、反思、写作有机地结合起来，并在各种场合分享自己在阅读中成长的经历和推动教师阅读的成功实践。从世俗的意义上来说，我的第二个十年自然比第一个十年更有收获、更有成就，因为第一个十年打下的基础为第二个十年的持续成长做了充分的准备。

2001年大学本科毕业以后，一直在仁爱中学工作，工作十五年后因工作需要调到镇海区教科所。客观地说，与教育系的其他毕业生相比，我真的很普通。我们大学毕业那年，因为当时大学扩招亟须补充工作人员，我的同学大多在高校工作，其中很多已经走上了各级领导岗位。不过，诚如吴法源先生所言，在基层就业的我，也算是走出了一条教育系毕业生的发展之路。我也留意到，现在国家又在大力倡导高校毕业生在基层就业中大有作为。

感谢工作以来各位支持我成长的领导和同行，同样也要感谢我自己多年来一直坚持的研究之路。

2020年特殊的蹲在家里的寒假，我大致梳理了这本书的框架。2020年的暑假，我用了半个月的“攻坚战”把这本书的初稿整理了出来。尽管这本书的书稿是在半个月时间内整理出来的，但却是自己工作近二十年思考的结晶。

凡是过往，皆为序章！我继续行走在研究的路上！

附　录

20 位大学同学寄语

刘波是一个多角色的“综合体”。首先，他是一位优秀的中小学教师，多年的中学一线的实战打拼为其研究与创作铺垫了厚重的实践“底蕴”。其次，他是一位孜孜以求的研究者，对教育现状的敏锐感知、对学校教育的深切关注、对教研工作的钻研不息造就了其独到的理念与丰厚的成果。再次，他也是一线中小学教师专业成长的领路人，不断地给予一线教师专业的启迪与成长的激励。最后，也是最重要的，他是我同窗四年的老同学，为老同学今天的成就与荣耀欣喜鼓舞，刘波也定会在教学科研与创作之路上走得更好、更远……

——浙江师范大学杭州幼儿师范学院　滕春燕

二十年前，同寝室八人意气风发地奔赴各自的工作岗位，如今，成为教育研究者的仅刘波一人。如刘波自己所说，二十年的职业生涯，虽没惊天动地的大作为，也称不上有什么壮举，但活出了自己的精彩。二十年如一日，在教育领域默默坚持、默默耕耘，是一种不忘初心，是一种勇于担当。在我看来，《教师，以研究的“姿态”成长》这部著作正是作者本人二十年教育研究者的真实写照。我自己也有一段教育专业学习和当教师的人生经历，深感教师在教育中的重要性，教师要学会成长，要善于成长，以正确的“姿态”加强研究是不二法门，望大家认真研读此书。

——浙江省慈溪市新市民服务中心　黄华旦

大学毕业后，我一直在高校工作。最近，因为工作调动，我和刘波成为“邻居”。原先，我对中小学了解不多，认为做研究主要是大学教师的事。这次，我读了刘波的《教师，以研究的“姿态”成长》之后，对研究有了新的认识。高校教师和中小学教师都应该用研究的态度来对待自己的工作，用真研究为自己的成长赋能。刘波的这本书，就是多年来真研究的结晶，是水到渠成的产物。

现在，做一个长期主义者的说法比较流行。我觉得，刘波就是一个名副其实的研究的长期主义者，在研究中改进工作、帮助他人、提升自我。从刘波的成长经历来看，做研究就是把阅读、实践、思考、写作有机地融合起来，让自己处于成长的“年轻态”中。教师，以研究的姿态成长，真好！

——宁波大学　童晓晖

于工作原因，我非常关注教师专业发展。我们经常会引用美国学者波斯纳的观点“教师的成长 = 经验 + 反思”来概括教师专业发展的规律，但往往缺少一些系统、具象的教师专业成长的事例支撑，所以非常感谢刘老师的这本书，他个人专业发展经历正是这条规律的生动体现。在书中，刘老师反复强调中小学教师做研究的可能性，指出研究是教师专业发展的态度、途径、策略，是研究架起了教师“育人”“育己”的桥梁，让学生发展和教师成长相辅相成。在当今急剧变化的社会中，教育改革频繁，教师成长之路不应仅仅模仿别人，追随别人，而应该有自己的思考和作为，用研究去凝练自己的实践经验，形成自己的教育个性。

——宁波大学　吴闽波

刘波同学之所以有今日之成果，除了他扎实的教育学科专业背景外，我认为他二十年来主要是做好了三件事情：一是会学习，刘波的学习主要是阅读，广泛的专业和非专业阅读，为他成为各类“斜杠”教师提供了丰富的营养沃土；二是会思考，以阅读为基，刘波密切关注发生在他周边的各类教育现象，积极思考，理性评价，始终让自己身处学校教育工作的第一线阵营；三是会写作，自工作以来，刘波就笔耕不辍，二十年如一日，造就了他五百余篇文章发表，五本著作出版，为广大教师做出了榜样。刘波用自己的人生经历，真正诠释了一位教师如何以研究的“姿态”成长的路径。

作为同班同学，希望未来他有更多的职业思考和工作成果问世，有更多的教师和教育工作者从他这里受益。

——杭州电子科技大学　徐毅鹏

读了刘波写的《教师，以研究的“姿态”成长》一书，收获颇多。首先全书在主旨中强调了教师应该保持不断学习，不断研究创新，通过教学获得成长。以前我们或许认为做研究、写论文只是大学等高等教育教师做的事情，然而书中却强调了中小学教师也应该通过研究获得自身的成长。书中指出中小学教师通常认为教完书本上的知识就算完成工作了，其实在中小学的教育中，不仅仅要传授书本上的经典知识，还可以去研究如何进行教学来使学生高效地吸收知识。例如，作者提出中小学教师做科研需要注重应用，例如进行《小学一年级阅读关注力的研究》，这种研究就十分注重教学的应用方面。

我认为，中小学教师可以接触到大量的一手教学资料和学生学习案例，如果能将这些素材案例进行有效的整合，进一步钻研学生学习的方法及教学模式，不仅对教师本身是一种素质的锻炼和提高，也将会带来非常容易落地实施推广的研究成果。

——浙江理工大学　姜忠美

听闻老同学刘波又要出书了，我是既羡慕又钦佩的。同样作为一名一线教师，我能深切感受到要在这样一个平凡而忙碌的岗位上做出点什么名堂真的是太难了。工作二十年，他从普通的新手教师成长为有广泛影响力的研究型教师和教育科研工作者，著书五本，发表文章五百余篇，他是付出了多少的努力，也许我们常人难以想象。拜读过《教师，以研究的“姿态”成长》后我发现，刘波同学不仅有超越常人的毅力，而且有非常敏锐的对于有关教育的社会现象的洞察力。在书中，他对每一个教育问题都有独到的见解，又非常接一线教师的地气。如果说《从新手到研究型教师》演示了一个普通教师如何拓展成长空间的各种可能性，那么这本书就是指导教师如何多方位的在教育教学工作中开展研究，具有比较强的可操作性。

——宁波市海曙区古林镇中学　曹宏燕

刘波老师在二十年的教育生涯中，始终坚持作为一名教师的科研初心。在实际工作的过程中，他以科研为导向，从新手教师逐步成长为具有较高影响力的研究型教师。在本书中，刘波老师也毫无保留地畅谈了自己的科研经历。并且，他将自己的经验加以总结，升华提炼出了怎样做一名研究者、如何进行思考、如何做出像样的课题等的经验之道。可以说，本书是一名教师“边教学，边研究”的典型之作，值得每一位致力于向研究型道路发展的教师借鉴参考。

——上海市七宝中学　潘蓓蕾

梅贻琦先生曾说“学校犹水也，师生犹鱼也，其行动犹游泳也。大鱼先导，小鱼尾随，是从游也。从游既久，其濡染观摩之效自不求而至，不为而成”。教师的修为与涵养、风骨与风度是学生的一面镜子，一面旗帜，一座灯塔，一扇通向未来世界的门。教师是教育的魂魄之所在，欲塑人灵魂，先塑师之魂，丰其心，富其识，强其志，实其事，这是一项功在千秋、利在万代的伟大事业。

“不有行者，无以图将来”，我的同学刘波二十年如一日身体力行从事着这项伟大的事业，并在教师阅读推广上取得了卓著的成绩。其新作《教师，以研究的“姿态”成长》正是其多年实践的成果之一，该书化“繁”为“简”，从纷繁复杂的教育现象背后用简洁的语言揭示其本质；化“小”为“大”，把一个个鲜活生动的案例总结归纳成普遍的规律；化“难”为“易”，把“研究”这个公认的难题用自己亲身实践概括提炼成行之有效的办法，是一本不容错过的灯塔式的书籍。

——浙江传媒学院　黄　洁

很高兴，再一次遇见了老同学刘波；更高兴的是，他已经在教研中遇见了更好的自己。

他像介绍他的孩子一样，自信而又欣喜地向我介绍了这部新作——《教师，以研究的“姿态”成长》。正如书中所写的那样，他用自己的行动，展示了教育写作的自觉——或是杂感，或是随笔，或是案例，或是总结，各种文体不一而足，背后却渗透着他对当今一些典型教育现象的思考，也诠释了一名研究型教师所应具备的姿态。

我相信，刘波是诸多优秀中学教师的缩影，他们在研究中教学、在教学中研究；我更相信，这样的研究，定能转化为真正的教学“生产力”，惠及千千万万的孩子。

——浙江工商职业技术学院　谢　峰

知晓老同学刘波在他从教也是我们大学毕业二十周年之际又出版了新书甚是开心，正如他自己所言，二十年来在一线教育工作中始终把阅读、实践、反思、写作有机地结合起来，使得他在快乐、自信和坚持中孜孜以求地践行着一名普通教育工作者的丰满而有意义的人生。刘波同学在大学时期就是一个非常爱看书的人，能够把这份喜爱延续至今并结出累累硕果的在同学之中凤毛麟角，对于此、对于他，我只有深深地敬佩和祝福。

二十年不短，却似在眼前，刘波同学的研究和写作之于广大的教育工作者是一份宝贵的财富，希望他这份富有研究味的财富能够生根发芽哺育新时代的教育者和学习者。

——浙江外国语学院　钱　伟

刘波是我们同学中为数不多的毕业后直接进入教学基层且干出显著成绩的大学同学。四年大学的学习，他打下了良好的专业基础，二十年一线的从教实践，积累了研究型教师的成长之道。此书是他自身成长的一个缩影，亦是他教研多年的结晶，对助力中小学教师专业成长一定能发挥积极的作用。

——杭州电子科技大学　王劲峰

刘波，四年同窗的大学同学，一位在教师阅读推广、教育教学研究方面极有建树的基层教育工作者，常惊叹于他对教育工作的热忱，感动于他潜心教研的执着。读完本书，你会更欣喜地发现原来在基层一线教育教研岗位中，还有这么一位默默耕耘的学术型专家。没有华丽辞藻的堆砌，有的只是平心静气，娓娓道来，却能让你沉入其中，手不释卷。

在现今过于浮躁的教育大环境中，很多一线教师被迫埋头于日常琐碎的教学事务中，无暇静心思考研究，无法抽身培养阅读习惯。他们或缺乏阅读、研究氛围；或自身阅读、研究意识不够，从而错失教师专业成长的重要途径。刘波的存在，更显得难能可贵。

在言说和行动中思考，在自我反思中成长，学海无涯，艺无止境。祝愿刘波老师在专业追求、专业探索、专业提升的道路上越来越好！

——宁波海关　陈晓华

时光匆匆而过，转瞬即将迎来大学毕业二十周年。大学毕业后，和刘波同学虽偶有相聚，但因为工作性质不同，因此也很少有这方面的交流。这次，刘波即将出版的《教师，以研究的“姿态”成长》，我认真阅读了，对他有了新的认识。

近二十年来，他一直在中学和基层教科部门深耕，把研究作为自己的专业生活方式，坚持理论和实践相结合，在持续不断地精进中收获了很多精彩。我们常说“三百六十行，行行出状元”，这首先要热爱自己的职业。或许，我的同学刘波就是“干一行，爱一行”的典范，他用自己的特殊的方式为毕业二十周年献上了一份厚礼。

——浙江省桐庐县新合乡人民政府　宋华军

阅读完刘波同学的《教师，以研究的“姿态”成长》书稿，作为他的大学同学，惊叹于他二十年的积累成果。书中结合他的工作经历和所思、所想、所悟，使困扰基层中小学教师的阅读、写作和研究等问题迎刃而解。原来从大学开始，他就知道自己想干什么？如何干？毕业后扎根基层，获取第一手资料，为写作提供素材，为研究求得数据，使自身从一名普通教师成长为多种“斜杠”身份的全面的教科研工作者。最后，祝愿老同学在属于自己的道路上，越走越远，越走越宽。

——浙江理工大学　章占云

在我的印象里，刘波同学一直是一位少言寡语、略显腼腆的男生。直到 2011 年，收到他个人的第一本著作时，才惊讶于他的成长和成就。时至今日，刘波更是发展成教科研工作者、教师阅读推广人、教育评论员、教师培训师、教育图书作者、教育宣传工作者等多种“斜杠”身份，不得不佩服他对于教育事业的热爱，对于研究生活的坚持！这种研究精神值得我们每一位教育工作者学习。正如刘波在本书中谈到的，教师，应以研究的姿态成长！

——浙江农业商贸职业学院　金　莱

刘波是我的大学同学，也是我的同事。说同事，更准确地说，是我的作者。他的个人成长与自主阅读和自主写作密切相关。我有幸参与了一部分他图书的策划与出版工作。他对教育行业的理解，真是多年在一线浸润与思考的结果。他充分地展现出一名终身学习者，如何凭自己的力量应对快速变化的社会。作为教师，就是要“边教学，边研究”。作为编辑的我，也希望能过一种懂实务的出版研究生活。

因为大学时也比较熟，我后来常开玩笑说，谁也没有想到，我们会在工作后成为真正的“战友”。希望我的老同学、我的作者，能用自己的力量做更多更大的事来推动教育的进步。在这一点上，我会是你永远的“战友”。

——宁波出版社　陈　静

文如其人，本以为我将要见到一位严肃的学究，不期然这娓娓道来的人还是记忆中那个认真又很真实的刘波同学。二十年教学与研究一路走来的所思所虑，所行所得，化成点点滴滴的精彩小文，终究汇成一泓清泉，让我从中感受到了一个独立而真诚的灵魂在前行中灵动的闪光。对教师的成长反思、写作经验分享、日常工作的感悟等无数个现实工作中面对的问题或现象，这本书都进行了细致的讨论，接地气的思考与阐述，向同行者展示了一名教师是如何以研究的“姿态”在成长，值得反复咀嚼，自惭之余，更为你点赞，借用书中一语共勉：在研究中遇到更好的自己。

——浙江中医药大学　金万里

曾经我们都是怀揣教育梦的一群，因为各自不同的发展方向跟教育工作渐行渐远，对于老同学刘波二十年如一日坚持在一线从事教学研究表示深深的敬佩，更为他孜孜不倦终有所成感到由衷的高兴！思想是行动的先导，教育思想更是在教育实践中起到灵魂的作用。一名教师只有真正促进自身的发展才能帮助更多的学生，由此而言，教师以研究的姿态成长显得何其重要！我想，这也是刘波同学撰写此书的初衷，也蕴藏着他对教育工作者的深切期待。相信老同学刘波会一如既往地行走在研究的路上，并且会影响到更多的同行。

——宁波市鄞州区东胜街道　林佩燕

刘波是我的大学同学，本科四年学的是教育管理。毕业后同学们多数都在省内各高校工作，刘波同志做了一个与众不同的选择，到基础教育系统中发光发热。今年，他拿出了《教师，以研究的“姿态”成长》书稿，汇集了自己工作二十年来在基础教育领域的成长经历。我通读下来，感动于他的努力和坦诚。没有天生的好老师，刘波同志在这条道路上自觉雕塑、砥砺前行，终于成长为“能教学、能管理、能研究”的特色人才。在毕业二十周年之际，他的这本书是献给母校的一个大礼，我们欢喜并珍惜，并为这样的好同学骄傲！

——温州大学　黄　玮